T0197086

essentials liefern aktuelles Wissen in konzentrierter Form. Die Essenz dessen, worauf es als „State-of-the-Art" in der gegenwärtigen Fachdiskussion oder in der Praxis ankommt. *essentials* informieren schnell, unkompliziert und verständlich

- als Einführung in ein aktuelles Thema aus Ihrem Fachgebiet
- als Einstieg in ein für Sie noch unbekanntes Themenfeld
- als Einblick, um zum Thema mitreden zu können

Die Bücher in elektronischer und gedruckter Form bringen das Expertenwissen von Springer-Fachautoren kompakt zur Darstellung. Sie sind besonders für die Nutzung als eBook auf Tablet-PCs, eBook-Readern und Smartphones geeignet. *essentials:* Wissensbausteine aus den Wirtschafts-, Sozial- und Geisteswissenschaften, aus Technik und Naturwissenschaften sowie aus Medizin, Psychologie und Gesundheitsberufen. Von renommierten Autoren aller Springer-Verlagsmarken.

Weitere Bände in der Reihe http://www.springer.com/series/13088

Siegfried Weinmann

Statistische Hypothesentests

Bausteine der Künstlichen Intelligenz

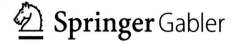

Springer Gabler

Siegfried Weinmann
FOM Hochschule für Oekonomie &
Management
Stuttgart, Deutschland

ISSN 2197-6708   ISSN 2197-6716   (electronic)
essentials
ISBN 978-3-658-30590-1   ISBN 978-3-658-30591-8   (eBook)
https://doi.org/10.1007/978-3-658-30591-8

Die Deutsche Nationalbibliothek verzeichnet diese Publikation in der Deutschen Nationalbiblio-
grafie; detaillierte bibliografische Daten sind im Internet über http://dnb.d-nb.de abrufbar.

© Der/die Herausgeber bzw. der/die Autor(en), exklusiv lizenziert durch Springer Fachmedien
Wiesbaden GmbH, ein Teil von Springer Nature 2020
Das Werk einschließlich aller seiner Teile ist urheberrechtlich geschützt. Jede Verwertung, die
nicht ausdrücklich vom Urheberrechtsgesetz zugelassen ist, bedarf der vorherigen Zustimmung
des Verlags. Das gilt insbesondere für Vervielfältigungen, Bearbeitungen, Übersetzungen,
Mikroverfilmungen und die Einspeicherung und Verarbeitung in elektronischen Systemen.
Die Wiedergabe von allgemein beschreibenden Bezeichnungen, Marken, Unternehmensnamen
etc. in diesem Werk bedeutet nicht, dass diese frei durch jedermann benutzt werden dürfen. Die
Berechtigung zur Benutzung unterliegt, auch ohne gesonderten Hinweis hierzu, den Regeln des
Markenrechts. Die Rechte des jeweiligen Zeicheninhabers sind zu beachten.
Der Verlag, die Autoren und die Herausgeber gehen davon aus, dass die Angaben und
Informationen in diesem Werk zum Zeitpunkt der Veröffentlichung vollständig und korrekt
sind. Weder der Verlag, noch die Autoren oder die Herausgeber übernehmen, ausdrücklich oder
implizit, Gewähr für den Inhalt des Werkes, etwaige Fehler oder Äußerungen. Der Verlag bleibt
im Hinblick auf geografische Zuordnungen und Gebietsbezeichnungen in veröffentlichten Karten
und Institutionsadressen neutral.

Planung/Lektorat: Susanne Kramer
Springer Gabler ist ein Imprint der eingetragenen Gesellschaft Springer Fachmedien Wiesbaden
GmbH und ist ein Teil von Springer Nature.
Die Anschrift der Gesellschaft ist: Abraham-Lincoln-Str. 46, 65189 Wiesbaden, Germany

Was Sie in diesem *essential* finden können

- Ein Grundverständnis der Beurteilenden Statistik
- Die Anwendung und Beurteilung von Hypothesentests
- Das Bayes-Theorem aus Likelihood, Priori- und Posteriori-Wahrscheinlichkeit
- Die Mittelwert-, Varianz- und Anpassungstests in Theorie und Praxis
- Einen Einblick in den Entwurf eines Bausteins der Künstlichen Intelligenz

Vorwort

Das *essential* „Normatives Entscheiden" (2018) kam gerade heraus, als die Lektorin mir den Anstoß gab, ein weiteres im Bereich der Künstlichen Intelligenz zu schreiben. Das war eine neue Lektion für mich: Das Thema glitt mir ständig aus der Hand, hat mich von der einen in die andere Ecke getrieben, immer wieder an der Nase herum geführt. Kurz gesagt, nicht ich habe das Buch, sondern das Buch hat mich geschrieben. Am Ende stand vor meinen Augen, dass es diesmal kein Bad im See, sondern ein Sprung in den Ozean war, dem ich mit Mühe entkommen bin.

Das Standardwerk über Künstliche Intelligenz von Russel und Norwig (2012) hat 1300 Seiten. Nahezu alles, was die Entwicklung der Sprache der Informatik – die Logik der Computer-Software – seit Mitte der 40-er Jahre betrifft, wird darin angeschnitten. Aber was liegt im Kern dieser KI? – Kurz gefasst, vieles dreht sich um einen künstlichen Agenten, der sein unsicheres Wissen über die Folgen seiner möglichen Aktionen bewertet, bevor er sich für eine Aktion entscheidet. Der Agent geht nicht von einer Wahrheit aus, er fragt nach der Wahrscheinlichkeit, mit der sein Wissen dem Zustand der Umwelt entspricht.

Im Kern der unscharfen Logik des Agenten steckt die Regel von Bayes, dass ein Ereignis mit der Chance $P(\text{Wahrheit}|\text{Glaube})$ eintritt, wenn er an es (mit gutem Grund) glaubt und mit der Chance $P(\text{Unwahrheit}|\text{Unglaube})$ nicht eintritt, wenn er es (mit gutem Grund) bezweifelt. Die Summe dieser beiden Chancen (Wahrscheinlichkeiten) ist die Intelligenz des Agenten.

Wie ein Agent lernt, durch seine Beobachtung an etwas zu glauben, und wie er sich darauf entscheidet, sind Elemente der Künstlichen Intelligenz und der

Stoff dieses *essentials*. Es behandelt den statistischen Hypothesentest als Entscheidungsregel und beurteilt den Ausgang des Tests nach dem Satz von Bayes – das heißt, durch die Wahrscheinlichkeit, dass der Test zur richtigen Entscheidung führt.

Prof. Dr. Siegfried Weinmann

Einleitung

Anfang der 80-er Jahre war kein Programm in der Lage, einen Großmeister im Schach zu besiegen, obwohl Schach durch eine endliche Menge von Zügen determiniert ist und ein Programm vollständige Information über das Spiel mit optimaler Strategie besitzt. Doch die Vielfalt der Züge im Rahmen der Zeitvorgabe zu bewerten, war damals nicht möglich. Erst Mitte der 90-er Jahre setzte der Schachcomputer Deep Blue, der den Minimax-Algorithmus auf Parallelprozessoren beschleunigte, den damaligen Weltmeister Kasparow matt.

Die Entwicklung der Informatik beflügelte diese Epoche, die ich als Student, Programmierer, Systementwickler und Dozent erlebt habe. Wir stanzten Lochkarten, tüftelten mit Assembler, probierten ALGOL und FORTRAN aus, langweilten uns mit COBOL, kauften den IBM-PC, MS-DOS, Windows 1.0, ärgerten uns über die Preise, lästerten über BASIC, experimentierten mit neuronalen Netzen und den Regeln von PROLOG, programmierten mit Turbo Pascal, C und C++, entwickelten objektorientiert mit SMALLTALK, Java und C#, schon damals agil – nur weniger mit Methode.

Inzwischen ist Computerschach von einer Kunst zur Selbstverständlichkeit geworden, dank der extrem schnellen logischen Operationen, die ein gewöhnlicher Mikroprozessor heute hat. Künstliche Intelligenz ist dort gesucht, wo es um die Lösung nicht-determinierter Probleme geht, nicht nur um die Klasse der NP-vollständigen Probleme des Operations Research, sondern mehr um sozio-ökonomische Fragen, bei deren unsicheren Entscheidungen die Methoden der Statistik im Mittelpunkt stehen, wie der Hypothesentest, dem Gegenstand dieses *essentials*.

Künstliche Intelligenz ist ein vielschichtiger Begriff. Was unter KI verstanden wird, findet man auf den ersten 50 Seiten von Russel und Norvig (2012, vgl. Kap. 1). Es ist immer ein Computer im Spiel, genauer gesagt, geht es um die Sprachen und Methoden aus denen seine Software entsteht. Etwas einfacher kommt man zur KI aus der Perspektive eines künstlichen Agenten, die gleichzeitig das Paradigma der Objektorientierten Programmierung aufgreift. Ein künstlicher Broker fällt in das Gebiet von Big Data, wo aus großen Datenbeständen mithilfe statistischer Methoden Information gewonnen wird. Die Information des Brokers ist die Erwartung der Renditen von Anlagen, die ihn zum Kauf der mutmaßlich besten Anlage, mit der maximalen Gewinnerwartung bewegt, um ein Beispiel zu nennen.

Wir vereinfachen KI weiter und verstehen darunter, dass ein Computer lernt, eine Aufgabe besser oder schneller zu lösen, als ein menschlicher Experte dies tun kann. Angenommen, Sie wollen Geld anlegen und wissen nicht, welches Investment einen Gewinn bringen kann. Ein Finanzberater (der es natürlich auch nicht weiß) nutzt eine Software und gibt Ihnen einen Tipp, dem Sie folgen. Zerbrechen Sie sich nicht den Kopf mit der Frage, ob man diesen Vorgang der Künstlichen Intelligenz zuordnet oder nicht. Bedeutend ist hier, dass Sie die Autorität Ihrer Entscheidung verloren haben.

Sobald Sie in der Lage sind, die Leistung Ihres Beraters und Ihr eigenes Urteilsvermögen richtig einschätzen zu können, haben Sie die Rolle des Knechts abgelegt und die Herrschaft im Spiel übernommen. Um die Autorität im Geschäft zu bewahren, egal, ob der Berater ein Mensch oder eine Maschine ist, muss man Gewissheit über den Nutzen der Ratschläge haben. Gewissheit erlangen bedeutet, den Grad der Unsicherheit eines Gedankens in Grenzen halten, um ein Maß an Vertrauen in eine Person oder Sache gewinnen zu können. Die Methoden, die ein Computer braucht, um diese Aufgabe zu lösen, sind Bausteine der Künstlichen Intelligenz. Sie befähigen den künstlichen Agenten, sein Wissen zu prüfen und damit seine Handlung zu rechtfertigen.

Den Grad des Vertrauens in eine Geschäftsbeziehung auszuloten, zählt zu den komplexen Aufgaben eines KI-Systems. Statistische Hypothesentests helfen dabei, unsichere Entscheidungen zu treffen, wenn es beispielsweise darum geht, eine Investition zu machen oder nicht. Besteht aufgrund eines gewissen Vertrauens in den Experten die Vermutung, dass sich ein Geschäft lohnt und man tätigt es nach positivem Ausgang des Hypothesentests, ist das Problem nur scheinbar gelöst. Das Problem besteht nicht in der Entscheidung selbst, sondern in ihrem Nutzen, also in der Frage, ob sie dem Zweck der Aufgabenstellung dient.

Dieses *essential* geht über die formale Methode des statistischen Entscheidens hinaus und klärt die Frage, mit welchem Grad an Gewissheit der Ausgang eines Tests ein Problem lösen kann. Die Gewissheit des Hypothesentests folgt aus dem Satz von Bayes, der die Information über die Verteilung der Zustände, die das

System a-priori besitzt, mit den Parametern der Unsicherheit des Hypothesentests verknüpft. Die Methodik wird auf vier praktische Fälle angewandt und erprobt. Das letzte Kapitel enthält den objektorientierten Entwurf eines Bausteins der Künstlichen Intelligenz; auf diesen kann der Leser bauen, wenn er seine Entscheidungen nicht allein dem Zufall oder einem ungeprüften Berater überlassen will.

Hinweise für den Leser

Ein mit den Grundlagen der Beurteilenden Statistik gut vertrauter Leser kann die Abschn. 1.1, 1.3 und 1.4 überspringen, ohne dass er den Faden verliert. Der Abschn. 1.2 definiert die Bayes-Evidenzmaße und dient dem Verständnis der Bayes-Wahrscheinlichkeit des Abschn. 2.2. Ein Leser, der seinen Schwerpunkt zunächst in die Anwendung legt und möglichst rasch ein Repertoire der Hypothesentests und ihrer Verteilung erwerben will, kann direkt in die Fallstudie des dritten Kapitels einsteigen (und bei Bedarf auf den Abschn. 2.2 oder auf das Grundlagenkapitel zurückgreifen). Für Leser, die ihre Chancen bei Glücksspielen erforschen möchten, sind die Abschn. 1.4 und 2.3 gedacht. Wer beabsichtigt, eine Selbst-Diagnose mithilfe eines Schnelltests für den Hausgebrauch zu machen, sollte den Abschn. 2.4 lesen und das Kleingedruckte der Produkt-Beschreibung (Sensitivität und Spezifität des Tests) beachten.

Über das Buch

Dieses Essential verknüpft die Theorie des Hypothesentests mit Aufgaben aus der Praxis und entwirft darauf einen Agent für Entscheidungen bei Unsicherheit. Es führt über die formale Methode des statistischen Entscheidens hinaus und klärt die Frage, mit welcher Gewissheit der Ausgang eines Tests ein Problem lösen kann. Wer sich in kurzer Zeit ein Grundverständnis der Beurteilenden Statisktik erwerben will, kommt an diesem Buch nicht vorbei. Es setzt am Ursprung der Stichprobentheorie an, erklärt die Bayes-Evidenzmaße des Hypothesentests und diskutiert ihre Wirksamkeit an allgemeingültigen Fällen. Der Stoff des Essentials bildet einen wissenschaftlichen Pfad zur Künstlichen Intelligenz, der dem Leser in origineller Weise den objektorientierten Entwurf eines künstlichen Entscheidungsagenten darlegt und Einblicke in den Bau von Softwarekomponenten bietet.

Inhaltsverzeichnis

Über den Autor

Siegfried Weinmann ist Doktor der Ingenieurwissenschaft der ETH Zürich und Professor für Wirtschaftsinformatik an der Hochschule für Ökonomie und Management in Stuttgart. Er hat Diplome in den Fachgebieten Mathematik und Informatik. Nebenberuflich ist er wissenschaftlicher Berater von mittelständischen Unternehmen mit den Schwerpunkten IT-Management, Entscheidungsanalyse und Prozessoptimierung. Vor seiner Berufung war Siegfried Weinmann als Softwareentwickler für Großunternehmen wie RWE AG, Deutsche Bank AG, Dresdner Bank AG, EDEKA Baden-Württemberg, Fraunhofer Institut, Linde AG und Robert Bosch GmbH freiberuflich tätig. Von 1998 bis 2008 war er Professor für Wirtschaftsinformatik und Systementwicklung sowie Institutsleiter an der Hochschule Liechtenstein mit Stationen an Universitäten in London, Prag und Wien. Siegfried Weinmann ist Autor und Herausgeber von vier Fachbüchern und einer Reihe weiterer wissenschaftlicher Beiträge auf den Gebieten Wirtschaftsinformatik, Operations Research, Nutzentheorie und Transportplanung. Er unterrichtet Mathematik, Statistik und Entscheidungstheorie in Masterstudiengängen der FOM und der Universität Hohenheim.

Grundlagen

Wir beurteilen statistische Hypothesentests durch zwei Evidenzmaße nach der Regel von Bayes. Die Relevanz ist die Richtigkeit des positiven Ausgangs des Tests und die Segreganz die Richtigkeit seines negativen Ausgangs. Die Parameter der Unsicherheit des Tests sind seine Signifikanz und Macht sowie die Quote der negativen Tests über der Grundgesamtheit des Merkmals. Die Zusammenfassung der Grundlagen des Hypothesentests bezieht sich auf den Grenzwertsatz mit der Verteilung der Zufallsvariablen einer Stichprobe. Zunächst werden die Normalverteilung, die t-Verteilung und die Binomialverteilung erklärt. Die Chi-Quadrat- und F-Verteilung folgen im Kap. 3.

1.1 Begriffe und Beziehungen

Statistische Hypothesentests sind Anwendungen der Stichprobentheorie. Eine statistische Hypothese ist eine Annahme $\tau = \tau_0$ über ein Maß τ eines Merkmals der Grundgesamtheit Ω, wie etwa über den Mittelwert $\mu = \mu_0$, die Standardabweichung $\sigma = \sigma_0$, den Anteilwert $\pi = \pi_0$ oder über die Verteilung $F = F_0$ der Werte einer Gesamtheit.

Ein Hypothesentest ist ein statistisches Verfahren, das über die Gültigkeit der Hypothese entscheidet und dabei die Wahrscheinlichkeit von Fehlurteilen in Grenzen hält.

Wenn eine Hypothese ($\tau = \tau_0$) in Wahrheit zutrifft (τ_0 wahr ist) und durch den Test verworfen wird, liegt der Fehler 1. Art vor, der mit der Wahrscheinlichkeit α auftritt:

$$P(\text{Hypothese verwerfen}|\text{Hypothese wahr}) = \alpha.$$

© Der/die Herausgeber bzw. der/die Autor(en), exklusiv lizenziert durch Springer Fachmedien Wiesbaden GmbH, ein Teil von Springer Nature 2020
S. Weinmann, *Statistische Hypothesentests*, essentials, https://doi.org/10.1007/978-3-658-30591-8_1

Wenn eine Hypothese ($\tau = \tau_0$) in Wahrheit nicht zutrifft (τ_0 falsch ist) und nicht verworfen wird, liegt der Fehler 2. Art vor, der mit der Wahrscheinlichkeit β auftritt:

$$P(\text{Hypothese beibehalten}|\text{Hypothese falsch}) = \beta.$$

Die Entscheidung, eine Hypothese zu verwerfen oder nicht, wird mithilfe des Vergleichs zweier Werte getroffen. Betrifft die Hypothese den Mittelwert μ der Grundgesamtheit Ω und man vermutet $\mu \leq \mu_0$, wird der Mittelwert m aus einer Stichprobe mit dem Quantil c einer charakteristischen Verteilung F verglichen und die Entscheidung lautet:

$$m > c \begin{cases} \text{ja, Test negativ: Hypothese verwerfen} \\ \text{nein, Test positiv: Hypothese beibehalten} \end{cases}$$

Oft gibt man die Wahrscheinlichkeit α oder den kritischen Wert c vor; wird dabei der Fehler 1. Art klein gehalten ($\alpha \lesssim 5\,\%$), macht man den Fehler 2. Art groß (z. B. $\beta \gtrsim 20\,\%$). Neben α bestimmt die Lage μ_1 der Alternative H_1 ($\mu = \mu_1$) zur Hypothese H_0 ($\mu = \mu_0$) die Fehlerquote β; dabei gilt: je kleiner der Abstand $|\mu_1 - \mu_0|$ zur Alternative ist, desto größer ist die Quote β, an einer falschen Hypothese H_0 festzuhalten (Abb. 1.1).

Da die Fehlerquote β gerade dann groß ist, wenn die Hypothese und die Alternative nahe beieinander liegen ($|\mu_1 - \mu_0|$ klein ist) und so der Fehler 2. Art oft weniger schwere Folgen hat, als der Fehler 1. Art, wird β weniger beachtet, als α. Dieses Argument und Vorgehen mag häufig angebracht sein, dahinter kann sich aber auch ein methodischer Fehler verbergen, der einen schwachen Test durchgehen lässt. Mit der Formalität allein ist es nicht getan, sondern am Ende zählt die Frage, ob der Ausgang des Tests (H_0 verwerfen oder nicht) zur richtigen

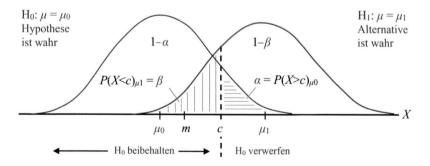

Abb. 1.1 Schema der Unsicherheit des Ausgangs eines oberseitigen Mittelwerttests

Entscheidung führt und das Problem damit gelöst werden kann. Es sind also die spezifischen Eigenschaften der Problemstellung, die den Einsatz des Hypothesentests schwierig gestalten.

1.2 Beurteilung eines Hypothesentests

Die Wahrscheinlichkeit $P(H_0$ beibehalten$|H_0$ wahr$) = 1 - \alpha$ nennt man Signifikanz des Tests, sie gibt an, wie oft eine wahre Hypothese erkannt wird. $P(H_0$ verwerfen$|H_0$ falsch$) = 1 - \beta$ wird als die Macht des Tests bezeichnet, sie gibt an, wie oft eine falsche Hypothese erkannt wird. Da $1 - \beta$ vom Abstand $|\tau_1 - \tau_0|$ zwischen der Hypothese $(\tau = \tau_0)$ und der Alternative $(\tau = \tau_1)$ bestimmt wird, ist die Macht ein Maß der Trennschärfe (zwischen Hypothese und Alternative) eines Tests.

Die Signifikanz und die Macht eines Tests sind die Wahrscheinlichkeiten, die Fehler 1. Art α und 2. Art β zu vermeiden. Damit ein Test seinen Zweck erfüllt, muss die Hypothese (H_0) treffend formuliert und ihre Signifikanz $(1 - \alpha)$ oder der Fehler 1. Art (α) richtig vorgegeben werden. Solange die Alternative (H_1) nicht definiert ist, bleibt der Fehler 2. Art unbestimmt; dennoch gibt es ein Kriterium, das zeigt, ob die Angabe von H_0 und α hinreicht, das Problem der unsicheren Entscheidung mithilfe eines evidenten Tests in den Griff zu bekommen. Die Frage heißt: Wie hoch ist die Quote negativer Tests $\gamma = P(H_0$ falsch$)$ in der Grundgesamtheit?

Mithilfe der Information γ und der Regel von Bayes beurteilen wir die Signifikanz und die Macht eines Tests durch ihre Evidenzmaße. Von einem System soll herausgefunden werden, ob es sich im Zustand τ_0 oder im Zustand τ_1 befindet. Über die Hypothese H_0 $(\tau = \tau_0)$ soll mit der Signifikanz $1 - \alpha$ entschieden werden; das heißt $P(H_0$ verwerfen$|H_0$ wahr$) = \alpha$. Über das System sei a-priori bekannt, dass es sich mit der relativen Häufigkeit $1 - \gamma$ im Sollzustand τ_0 und mit γ im Ausnahmezustand τ_1 befindet.

Abb. 1.2 charakterisiert die Unsicherheit der Entscheidung des Tests der Hypothese H_0 am Beispiel der Maße $\gamma = 10\,\%$, $\alpha = 5\,\%$, $\beta = 20\,\%$. Obwohl die Quote des Fehlers 2. Art β das Vierfache der Quote des Fehlers 1. Art α ist, erweist sich, dass für die Entscheidung H_0 beibehalten der Fehler 2. Art β praktisch nicht relevant ist $(1 - r = 2\,\%)$.

Abb. 1.2 drückt die Unsicherheit der Entscheidungen des Hypothesentests in absoluten und relativen Häufigkeiten aus. Die Parameter der Unsicherheit sind die Quoten γ, α und β; sie bestimmen die beiden folgenden Bayes-Evidenzmaße eines Hypothesentests.

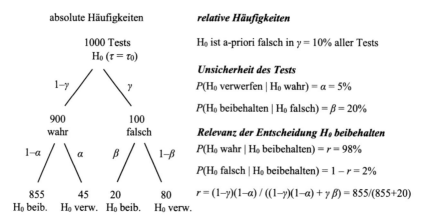

Abb. 1.2 Maße der Unsicherheit γ, α und β bei der Entscheidung über die Hypothese H_0

Den Fehler 2. Art β gibt es, wenn die Hypothese H_0 beibehalten wird; dabei entstehen die Posteriori-Quoten $r = P(H_0\ \text{wahr}|H_0\ \text{beibehalten})$ und $(1 - r) = P(H_0\ \text{falsch}|H_0\ \text{beibehalten})$ nach dem Satz von Bayes:

$$r = P(H_0\ \text{wahr}|H_0\ \text{beibehalten}) = \frac{(1-\gamma)(1-\alpha)}{(1-\gamma)(1-\alpha)+\gamma\beta} = 1 - \frac{\gamma\beta}{(1-\gamma)(1-\alpha)+\gamma\beta}.$$

Die Wahrscheinlichkeit r mit der H_0 wahr ist, wenn H_0 beibehalten wird, heißt „Relevanz" des Tests; ist sie hoch, dann ist $(1-r)$ klein und der Fehler 2. Art β kaum relevant, wie das Beispiel (Abb. 1.2) zeigt: die kleine Falschquote γ von H_0 ergibt: $r = 855/(855+20) = 98\,\%$. Das heißt: bei der Entscheidung über H_0 hat $\beta = 20\,\%$ das Gewicht $1 - r = 2\,\%$, bei $\gamma = 10\,\%$.

Wenn H_0 verworfen wird, heißt die Wahrscheinlichkeit, dass H_0 falsch ist, die „Segreganz" des Tests:

$$s = P(H_0\ \text{falsch}|H_0\ \text{verworfen}) = \frac{\gamma(1-\beta)}{\gamma(1-\beta)+(1-\gamma)\alpha} = 1 - \frac{(1-\gamma)\alpha}{\gamma(1-\beta)+(1-\gamma)\alpha}.$$

Die Bayes-Evidenzmaße r und s beurteilen die Konsequenzen des Ausgangs eines Tests. Ist der Test noch nicht entschieden, kann die Wahl des kritischen Werts c oder die Vorgabe des Fehlers α bezüglich β (Abb. 1.1) mithilfe des gewichteten Mittelwerts $\bar{e}$ aus der Relevanz r und der Segreganz s genauer getroffen werden; diese „mittlere Evidenz" des Tests ist:

$$(1-\gamma)\,r + \gamma\,s.$$

Die Analyse der Gewissheit des Ausgangs eines Tests markiert als Erstes folgendes Prinzip: Die Quote γ des Anteils a-priori falscher Hypothesen (H_0) gewichtet die Signifikanz und die Macht des Tests hinsichtlich seiner Bayes-Evidenzmaße r und s.

Die beiden Paare (α, s) und (β, r) dienen zwei gegensätzlichen Zwecken (s. Kap. 2, Fall 1). Betrifft die Hypothese H_0 ($\tau = \tau_0$) den Zustand τ_0, der mit der Quote $1 - \gamma > 1/2$ auftritt, hat die Signifikanz mehr Gewicht als die Macht und es sollte $\alpha < \beta$ sein.

Grundsätzlich wirkt ein „Nein" entschiedener als ein „Ja" und auch die Entscheidung, eine Hypothese zu verwerfen ist stärker, als sie beizubehalten. Das ist ein gutes Argument, den Ausnahmezustand mit dem eigentlichen Sollzustand des Systems zu vertauschen, wie es in der Labormedizin gemacht wird τ_0: Person ist „krank", da sie im Zuge einer Diagnose als Patient auftritt; würde die Person nicht als Patient betrachtet werden, wäre ihr Sollzustand natürlicherweise „gesund" (s. Kap. 2, Fall 3).

Wenn die Falschquote der Hypothese $\gamma > 1/2$ ist, wie es in der Labormedizin vorkommt, darf die Macht des Tests ($1 - \beta$) nicht vernachlässigt werden, sodass $\beta < \alpha$ die Evidenz des Tests verstärkt (Abb. 2.4). Wenn der Zweck des Hypothesentests den Fehler 1. Art α oder 2. Art β vorgibt und dabei die kritische Grenze c und auch den Stichprobenumfang n offen lässt, ist das Verhältnis $(1 - \gamma) \cdot \alpha = \gamma \cdot \beta$ ideal. Fehlt die Priori-Information γ, lässt sich der Zustand der Ungewissheit (Unordnung) durch $\gamma = 1/2$ ausdrücken und $\alpha = \beta$ ist ideal (s. Kap. 2, Fall 1).

1.3   Theorie des Hypothesentests

Die Stichprobentheorie geht vom zentralen Grenzwertsatz aus. Er besagt, dass die Summe X von n unabhängigen Zufallsvariablen X_i derselben Verteilung (Grundgesamtheit Ω) mit dem Mittelwert μ und der Varianz σ^2 approximativ normalverteilt ist mit dem Mittelwert $n \cdot \mu$ und der Varianz $n \cdot \sigma^2$; folglich ist die Zufallsvariable

$$Z = \frac{\left(\sum_{i=1}^{n} X_i\right) - n\mu}{\sigma\sqrt{n}} = \frac{\frac{1}{n}\left(\sum_{i=1}^{n} X_i\right) - \mu}{\frac{\sigma}{\sqrt{n}}} = \frac{\left(\overline{X} - \mu\right)}{\sigma_n}$$

standardnormalverteilt $\Phi(z)$ mit dem Mittelwert 0 und der Varianz 1.

Zwischen der N(0; 1)-verteilten Variablen Z und dem $N(\mu;\ \sigma/n^{1/2})$-verteilten Stichprobenmittel $\overline{X}$ besteht die Beziehung:

$$P\big(a \le \overline{X} \le c\big) = P(-z \le Z \le z) = \Phi(z) - \Phi(-z) = 1 - \alpha.$$

Das Konfidenzintervall $[a,\ c]$ von $\overline{X}$ bestimmt den Ausgang des Mittelwerttests; es entspricht dem Intervall $[-z,\ z]$ von Z. Das Quantil z der Standardnormalverteilung kann der Tafel $\Phi(z)$ entnommen werden, woraus sich die Quantile $a = \mu - z \cdot \sigma_n$ und $c = \mu + z \cdot \sigma_n$ ergeben. Das Verhältnis $\sigma_n = \frac{\sigma}{\sqrt{n}}$ wird Standardfehler des Stichprobenmittelwerts $\overline{X}$ genannt.

Beim Hypothesentest für den Mittelwert H_0 $(\mu = \mu_0)$ kann das Konfidenzintervall unter- oder überschritten werden, sodass sich die Fehlerquote α auf beide Seiten mit dem Quantil $\pm z[\alpha/2]$ verteilt und die Hypothese (H_0) durch $|Z| > z[1 - \alpha/2]$ verworfen wird. Die Quantile $z = 1$, 2 und 3 markieren $(1 - \alpha)$-Konfidenzintervalle $[\mu - z \cdot \sigma_n,\ \mu + z \cdot \sigma_n]$ für den Mittelwert $\overline{X}$ mit dem Signifikanzniveau $(1 - \alpha) = 68\ \%$, 95 % und 99,7 % (Tab. 1.1).

Beim unterseitigen Test führt $Z < z[\alpha]$ (sowie $\overline{X} < a$), beim oberseitigen führt $Z > z[1 - \alpha]$ (sowie $\overline{X} > c$) zum Verwerfen der Hypothese (H_0).

Die Genauigkeit der Approximation an die Normalverteilung steigt mit dem Umfang n der Stichprobe, sie hängt aber auch von der Verteilung der Grundgesamtheit ab; ist ihre Varianz bekannt und $m = \overline{X} = (x_1 + \ldots + x_n)/n$ der Mittelwert der Stichprobe, dann ist für etwa $n \ge 30$ die näherungsweise standardnormalverteilte Testvariable:

$$y = \frac{m - \mu}{\sigma_n} \text{ mit } \sigma_n = \frac{\sigma}{\sqrt{n}}.$$

Den Fall des oberseitigen Tests, der die Hypothese über den Mittelwert bei $m > c$ oder $y > z$ verwirft, zeigt Abb. 1.3.

Durch die Transformation von $\overline{X}$ auf Z kann der standardisierte Testwert y mit dem Quantil z der Standardnormalverteilung $\Phi(z)$ verglichen werden, anstatt des Vergleichs von m mit c:

Tab. 1.1 Prozent der Werte, die im Konfidenzintervall $\pm z[1 - \alpha/2]$ des Mittelwerts liegen

z+	0,0	0,1	0,2	0,3	0,4	0,5	0,6	0,7	0,8	0,9
0	0,00	7,97	15,85	23,58	31,08	38,29	45,15	51,61	57,63	63,19
1	68,27	72,87	76,99	80,64	83,85	86,64	89,04	91,09	92,81	94,26
2	95,45	96,43	97,22	97,86	98,36	98,76	99,07	99,31	99,49	99,63
3	99,73	99,81	99,86	99,90	99,93	99,95	99,97	99,98	99,99	99,99

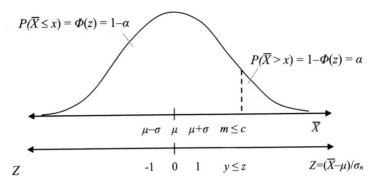

Abb. 1.3   Normal- und standardnormalverteilte Variablen X und Z

$$m > c \text{ oder } y > z \begin{cases} \text{ja:} & \text{Hypothese verwerfen} \\ \text{nein:} & \text{Hypothese beibehalten} \end{cases}.$$

Da y der Abstand zur Zahl 0 auf der Z-Skala ist und $y = 0$ die Hypothese H_0 ($\mu = \mu_0$) perfekt bestätigen würde, wird sie auch Null-Hypothese genannt.

Ist die Varianz unbekannt (nicht vorgegeben), kann der Standardfehler σ_n mithilfe der Standardabweichung s der Stichprobe geschätzt werden:

$$\sigma_n \approx s_n = \frac{s}{\sqrt{n}}.$$

In diesem Fall wird y durch die Testvariable t ersetzt und als Vergleichswert das Quantil z_t der t-Verteilung ($n - 1$ Freiheitsgrade) genommen (Tab. 1.2):

$$y \approx t = \frac{m - \mu}{s_n}.$$

Zusammenfassung

Liegt der Testwert y einer Stichprobe außerhalb des $(1 - \alpha)$-Konfidenzbereichs $[-z, z]$ des Quantils z der Standardnormalverteilung, wird die Hypothese verworfen (Tafel $\Phi(z)$, Tab. 1.1). Gleiches gilt für den Test t mit $[-z_t, z_t]$ der t-Verteilung (Tafel $F(z_t)$, Tab. 1.2) und den Vergleich von m mit $c = \mu + z \cdot \sigma_n$ (oberseitig) oder von m mit $a = \mu - z \cdot \sigma_n$ (unterseitig) auf der Skala des Stichprobenmittels $\overline{X}$.

Tab. 1.2 t-Quantile $z[1-\alpha]$, obere Grenze des Konfidenzintervalls, n Freiheitsgrade

F(t,n) (%)	1	2	3	4	5	10	20	50	100	200
80,0	1,38	1,06	0,98	0,94	0,92	0,88	0,86	0,85	0,85	0,84
90,0	3,08	1,89	1,64	1,53	1,48	1,37	1,33	1,30	1,29	1,29
95,0	6,31	2,92	2,35	2,13	2,02	1,81	1,72	1,68	1,66	1,65
97,5	12,71	4,30	3,18	2,78	2,57	2,23	2,09	2,01	1,98	1,97

Unabhängigkeit

Gegeben sei eine Grundgesamtheit Ω mit dem Mittelwert μ, der Varianz σ^2 und der Verteilung $F(\mu; \sigma)$. Die Zahl $N = |\Omega|$ ihrer Elemente sei derart groß, dass Messungen ihrer Merkmale als voneinander unabhängig betrachtet werden können. Unter dieser Voraussetzung (s. oben) hat die Summe X der Messungen X_i einer Stichprobe $\Omega_n \subset \Omega$ vom Umfang $n = |\Omega_n| < N$ die Verteilung $F_n\left(n \cdot \mu; n \cdot \sigma^2\right)$ und ihr Mittelwert $\overline{X}$ ist approximativ normalverteilt $N\left(\mu; \sigma/n^{1/2}\right)$.

Binomialverteilung

Der zentrale Grenzwertsatz gilt für jede beliebige Grundverteilung der Merkmale, folglich auch für eine Binomialverteilung. Der Satz von *Moivre* und *Laplace* besagt, dass die Summe X des Eintreffens des Merkmals $\{1\}$ einer Binomialskala $\{0, 1\}$ (ein Bit) mit wachsendem n der Normalverteilung $N(\mu \approx n \cdot \pi; \sigma \approx (n \cdot \pi \cdot (1-\pi))^{1/2})$ entspricht, sodass die Variable $\overline{X} = X/n$ für $n \to \infty$ die Verteilung $N\left(\pi; (\pi \cdot (1-\pi)/n)^{1/2}\right)$ erreicht. Die Quote π der Erfolge $\{1\}$ heißt Priori-Anteil des Merkmals $\{1\}$ der Grundgesamtheit.

$$P(X = k) = b(k; n; \pi) = \binom{n}{k} \pi^k (1-\pi)^{n-k} \quad \text{mit} \quad \binom{n}{k} = \frac{n!}{k!(n-k)!} \quad \text{ist die}$$

Wahrscheinlichkeit, bei n Versuchen k Erfolge $\{1\}$ zu erzielen.

$$P(a \leq X \leq c) = \sum_{k=a}^{c} b(k; n; \pi) \quad \text{ist die Summe der Wahrscheinlichkeiten}$$

$P(X=k)$ über dem Konfidenzbereich $[a, c]$ bei jeweils n Versuchen.

Ist die Laplace-Bedingung $\sigma = \sqrt{n \cdot \pi \cdot (1-\pi)} > 3$ erfüllt ($\Phi(3) > 99{,}8\ \%$), gilt die Schätzung: $P(a \leq X \leq c) \approx P(z[1/2\alpha] \leq Z \leq z[1 - 1/2\alpha]) = \Phi(z[1 - \alpha])$.

1.4   Glückspiele

Sie dürfen n Münzen gleichzeitig werfen und alle Münzen behalten, deren Zahlseite oben ist.

Wir untersuchen sieben Varianten des Glückspiels. Der Wurf besteht: 1) aus einer 2€-Münze, 2) aus zwei 1€-Münzen, 3) aus zehn 20-Cent-Münzen, 4) aus zwanzig 10-Cent-Münzen, 5) aus vierzig 5-Cent-Münzen, 6) aus hundert 2-Cent-Münzen, oder 7) aus zweihundert 1-Cent-Münzen. Der Wert einer Münze sei w € und der Erlös $X = k \cdot w$ €, wenn nach dem Wurf k Münzen mit der Zahlseite oben liegen.

Der Mittelwert des Spiels ist $\mu = 1$ € (Einsatz pro Spiel und Mindestkapital des Spielers).

Variante 1: Sie erlösen mit gleicher Chance ($\pi = \frac{1}{2}$) entweder 2 € oder nichts. Der Mittelwert der Spielvariante $n = 1$ („Alles oder Nichts") ist ein theoretisches Maß (kein möglicher Erlös).

Varianten 2 bis 7: Sie erlösen auch hier maximal 2 €, dürfen aber den Mittelwert 1 € als einen möglichen Erlös erwarten. Bei den Varianten 3 bis 7 ($n \geq 10$) kann die Frage gestellt werden: Wie groß ist die Wahrscheinlichkeit, dass der Erlös X nicht unter $x_0 = 80$ Cent liegt, dass z. B. mindestens $k = 4$ von $n = 10$ der 20-Ct-Münzen oder 8 von 20 der 10-Ct-Münzen usf. mit der Zahlseite oben liegen?

Die Signifikanz der Hypothese H_0: $X \geq x_0 = 80$ Cent ist bei Variante 3 (zehn 20-Ct-Münzen) $1 - \alpha = 62\%$ (bei 62 von 100 Spielen werden mindestens 80 Cent erlöst), während Variante 7 (zweihundert 1-Ct-Münzen) den Mindesterlös 80 Cent nahezu garantiert ($1 - \alpha \approx 100\%$):

$$P(X \geq x_0) \approx P(Z \geq z_0) = 1 - \Phi(z_0) = 0{,}998 \text{ mit } z_0$$

$$= \frac{k \cdot w - n \cdot w \cdot \pi}{w\sqrt{n \cdot \pi \cdot (1 - \pi)}} = \frac{80 - 100}{0{,}5\sqrt{200}} = -2{,}83.$$

Wir berechnen die Signifikanz der Variante 3 mit der Binomialverteilungsdichte $b(k, n; \pi)$, der Wahrscheinlichkeit, dass k von n Münzen mit der Zahl oben liegen, wenn jede Seite die Chance $\pi = 0{,}5$ hat und die Münzen voneinander unabhängig fallen. Die Wahrscheinlichkeit, dass mindestens $a = x_0/w$ von $n = 2€/w$ Münzen mit der Zahl oben liegen ist (Tab. 1.3):

$$1 - \alpha = P(X \geq x_0) = \sum_{k=a}^{n} b_{k;n;\pi} = \sum_{k=4}^{10} b_{k;10;0,5} = 0{,}623 \text{ (Variante 3 exakt)}$$

$$\text{Probe: } z_0 = \frac{k \cdot w - n \cdot w \cdot \pi}{w\sqrt{n \cdot \pi \cdot (1 - \pi)}} = \frac{80 - 100}{20 \cdot 0{,}5\sqrt{10}} = -0{,}63 \text{ (Variante 3 grob)}$$

Schätzung: $1 - \alpha = P(X \geq x_0) \approx P(Z \geq z_0) = 1 - \Phi(z_0) = 1 - \Phi(-0{,}63) = 73{,}6\%$

Tab. 1.3 Signifikanz der Hypothese, mindestens 80 Cent Erlös beim Münzwurf zu erzielen

Wert der Münze $w =$	2 €	1 €	20 Ct	10 Ct	5 Ct	2 Ct	1 Ct
Varianten $n =$	1	2	10	20	40	100	200
$P(X \geq 0{,}8\ €)=1-\alpha =$			62,3 %	74,8 %	86,6 %	97,2 %	99,7 %

Die Laplace-Bedingung $\sigma = \sqrt{n \cdot \pi \cdot (1 - \pi)} = \sqrt{10 \cdot 0{,}5 \cdot 0{,}5} = 1{,}58 > 3$ ist nicht erfüllt und damit die Schätzung der Signifikanz $(1 - \alpha)$ durch die Normalverteilung zu schwach.

Die Unsicherheit $\pm z[\alpha/2] \cdot (\pi \cdot (1-\pi)/n)^{1/2}$ des erwarteten Gewinns (0 €) wird mit der Anzahl n von Wiederholungen kleiner. Das ist das Prinzip der Stichprobentheorie. Und ein Grund (für die „Alles-oder-nichts"-Variante des Glücksspiels), die Fairness der 2€-Münze zu prüfen.

Wir testen die Hypothese ihres Anteilwerts H_0: $\pi = \pi_0 = \frac{1}{2}$ gegen die Alternative H_1: $\pi \neq \pi_0$ mit der Signifikanz $(1 - \alpha) = 99\,\%$. Wie oft darf bei n Versuchen die Zahlseite höchstens oben liegen, damit die Hypothese gültig bleibt (und die 2€-Münze für das Spiel taugt)?

Das Konfidenzintervall des zweiseitigen Tests ist $\pm z[\alpha/2]$. Die Hypothese gilt, falls die Summe k der Erfolge (Zahlseite oben) im Bereich $n \cdot \pi \pm z[\alpha/2] \cdot (n \cdot \pi \cdot (1-\pi))^{1/2}$ liegt oder der Anteil $p = k/n$ der Stichprobe im Bereich $\pi \pm z[\alpha/2] \cdot (\pi \cdot (1-\pi)/n)^{1/2}$.

Für die Signifikanz $(1 - \alpha) = 99\,\%$ ist $-z[0{,}5\,\%] = z[99{,}5\,\%] = 2{,}6$ (Tab. 1.1). Bei 800 Versuchen darf die Zahlseite $400 \pm 2{,}6 \cdot 200^{1/2}$, also zwischen 363 und 437 Mal, oben liegen, damit die Vermutung der Fairness der Münze besteht.

Schira (2012, vgl. S. 417 f.) gibt die Ergebnisse der Versuche der LMU München wieder (aus der Sendung Stern-TV vom 23.01.2002). Dort wurden 2€-Münzen $n = 800$-mal gedreht, mit dem Ergebnis: $k = 501$-mal Zahl oben (299 Kopf oben). Auch die Versuche des Instituts für Statistik der LMU haben erbracht, dass die deutsche 2€-Münze nicht fair ist: beim Drehen war der Anteil Zahl oben $p_2 = 61{,}88\,\%$, gegenüber der 1€-Münze mit $p_1 = 51{,}38\,\%$ Zahl oben. Ganz anders fielen die Ergebnisse beim Werfen der Münzen aus: $p_2 = 49{,}38\,\%$ und $p_1 = 50{,}75\,\%$.

Bei gleicher Signifikanz $(1 - \alpha) = 99\,\%$ und Zahl der Versuche $n = 800$ darf die Zahlseite mit dem Anteil $\frac{1}{2} \pm 2{,}6 \cdot (1/4 \cdot 800)^{1/2}$, also zwischen 45 % und 55 %, oben liegen, damit sie als fair gilt. Wir stellen damit fest, dass, neben der Signifikanz, die Versuchsbedingungen des Tests darüber entscheiden, wie die Beurteilung über die Sache ausfällt. Die 2€-Münze gilt als fair, solange sie nur geworfen wird; sobald sie gedreht (einem physikalisch genaueren Test ihres Schwerpunkts unterworfen) wird, gilt sie als unfair und dient dem eigentlichen Zweck des Tests, den Schwerpunkt der Münze infrage zu stellen. (Nebenbei bemerken wir, dass die technische Prüfung des Schwerpunkts der Münze richtig wäre, nicht die statistische).

Statistik kann leicht in die Irre führen, wie der Fall mit der Münze zeigt. Die Ergebnisse der Versuche hängen von den Umständen und den Methoden ab. Es sind oft nicht formale Fehler, sondern inhaltliche Deutungen, unzweckmäßige Methoden und unvollständige Beurteilungen, die den zweifelhaften Ruf der Statistik bestätigen. Beispiele dafür gibt es genug, sie geraten leicht in Vergessenheit oder werden oft übersehen. Zeitreihen werden mathematisch elegant extrapoliert und als Prognosemodelle gehandelt. Nach Beobachtungen auf Rangskalen werden Präferenzen durch ganze Zahlen verschlüsselt und als metrische Werte verknüpft. Cronbach's Alpha wird leicht als Maß der Reliabilität und internen Konsistenz genommen, trotz mancher Kritik (Sijtsma 2009, S. 107 ff., z. B), um einige der Versuchungen hier zu nennen.

Anteilwerte

2

Die Schätzung von Anteilwerten bildet die Grundlage der Bewertung des Hypothesentests.

Ein Anteilwert wird nicht nur (a-priori), als ein vorgegebenes theoretisches Maß behandelt, sondern (a-posteriori) innerhalb des Bereichs seiner Wahrscheinlichkeit geschätzt. – Wir unterscheiden die theoretische Wahrscheinlichkeit von der empirischen, wenn Daten einer Stichprobe nach dem Prinzip von Bayes zur Posteriori-Wahrscheinlichkeit des Anteilwerts verknüpft werden. Die Zweckmäßigkeit des Bayes-Prinzips zeigen die folgenden drei Fälle, die jeweils den Anteilwert einer individuellen Maßeinheit mit seinem kollektiven Anteilwert in Beziehung setzen.

2.1 Die Akzeptanz einer Lieferung und das Vertrauen in den Hersteller (Fall 1)

Ein Feinkosthandel schließt einen Vertrag mit einer Bauerngenossenschaft über die Lieferung großer Mengen von Oliven ab. Die erste Bedingung für die Akzeptanz einer Lieferung heißt: Es dürfen höchstens $\pi_0 = 4\,\%$ der Oliven bitter schmecken. – Der Geschmackstest lautet: Bei einer Probe im Umfang von $n = 200$ Oliven dürfen maximal $c = 10$ Oliven bitter schmecken. Offen bleibt die Frage, ob die Testbedingungen fair gegenüber beiden Parteien sind und dem Handel insgesamt gerecht werden?

Die Hypothese ist H_0: $\pi \le \pi_0 = 4\,\%$ und die Alternative sei H_1: $\pi \ge \pi_1 = 8\,\%$ (Abb. 2.1).

© Der/die Herausgeber bzw. der/die Autor(en), exklusiv lizenziert durch
Springer Fachmedien Wiesbaden GmbH, ein Teil von Springer Nature 2020
S. Weinmann, *Statistische Hypothesentests*, essentials,
https://doi.org/10.1007/978-3-658-30591-8_2

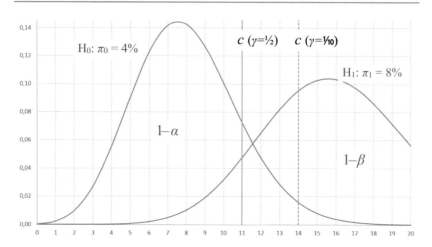

Abb. 2.1 H_0 $(\pi_0 = 4\ \%)$ gegen H_1 $(\pi_1 = 8\ \%)$ mit $c = 11$ $(\gamma = \frac{1}{2})$ und $c = 14$ $(\gamma = \frac{1}{10})$

Der Fehler 1. Art des Tests ist bei $c = 10$:

$$\alpha = 1 - P(X \leq c)_{\pi_0} = 1 - \sum_{k=0}^{c} b(k; n; \pi_0) = 1 - \sum_{k=0}^{10} \binom{200}{k} 0{,}04^k \cdot 0{,}96^{200-k} = 18{,}0\,\%$$

Der Fehler 2. Art des Tests ist bei $c = 10$:

$$\beta = P(X \leq c)_{\pi_1} = \sum_{k=0}^{c} b(k; n; \pi_1) = \sum_{k=0}^{10} \binom{200}{k} 0{,}08^k \cdot 0{,}92^{200-k} = 6{,}9\,\%$$

Bei $n = 200$ bedeutet die Schwelle $c = 10$ des Konfidenzintervalls $[0, c]$, dass (α) 18 von 100 gute Lieferungen abgelehnt und (β) sieben von 100 schlechte Lieferungen akzeptiert werden. Die Genossenschaft scheint durch die Wahl von $c = 10$ bei $n = 200$ benachteiligt zu sein und verlangt, dass die Akzeptanzschwelle c erhöht wird.

Wir beurteilen die Evidenz des Tests durch Variation des kritischen Testwerts c für den Fall, dass A) keine Erfahrung über die Lieferung durch die Bauerngenossenschaft besteht oder B) bisher durchschnittlich eine von zehn Lieferungen den Geschmackstest nicht bestanden hat und dadurch ein gewisses Vertrauen $(1-\gamma)$ in die Sendungen der Genossenschaft besteht.

A) Die Quote der zu beanstandenden Lieferungen sei a-priori $\gamma = P(\text{H}_0$ falsch$) = 1/2$.

B) Die Quote der zu beanstandenden Lieferungen ist a-priori $\gamma = P(\text{H}_0$ falsch$) = 1/10$.

Erst durch die Berücksichtigung der Priori-Quote γ negativer Tests (Lieferungen) wird klar, was die Fehlerquoten α und β und damit die Signifikanz und Macht des Tests für den Handel bedeuten. Die Evidenzanalyse des Tests zeigt, dass $\alpha \le \beta$ und $c \ge 11$ sein sollten (Tab. 2.1).

Fall A) Bei $c = 11$ entsteht das Gleichgewicht $\tilde{e} \approx r \approx s$ und $\alpha \approx \beta$ zwischen den Parteien. Da kein Grund besteht ($\gamma = 1/2$), der Genossenschaft einen Vertrauensvorschuss ($\gamma < 1/2$) zu geben, sollte c nicht höher gesetzt werden.

Fall B) Bei $c = 14$ kommt das Vertrauen ($1 - \gamma = 90\,\%$) in die Lieferungen zur Geltung. Das Maximum $\tilde{e} \approx 95\,\%$ bestimmt das Verhältnis zwischen der Signifikanz und der Macht, sodass $\alpha = 1,5\,\%$ (mit $\beta = 36\,\%$) das Entscheidungsproblem löst (Abb. 2.1).

Anmerkung: Tab. 2.1 zeigt, dass die Relevanz r eines Tests hoch ist, wenn der Fehler β klein ist, denn die geringe Anzahl falscher positiver Tests erhöht die Wahrscheinlichkeit, dass ein positiver Test zutrifft (selbst wenn die Signifikanz $1 - \alpha$ sehr gering ist, s. Abb. 1.2).

Tab. 2.1 Fehlerquoten α und β bei Quantilen c mit Bayes-Quoten bei $\gamma = 1/2$ und $\gamma = 1/10$

$c = k$	α (%)	β (%)	$\tilde{e}$ ($\gamma = 1/2$) (%)	r ($\gamma = 1/2$) (%)	s ($\gamma = 1/2$) (%)	$\tilde{e}$ ($\gamma = 1/10$) (%)	r ($\gamma = 1/10$) (%)	s ($\gamma = 1/10$) (%)
4	90,5	0,0	76,1	99,7	52,5	91,1	100,0	10,9
5	81,4	0,1	77,3	99,5	55,1	91,1	99,9	12,0
6	69,2	0,3	79,0	99,0	59,0	91,3	99,9	13,8
7	55,0	0,8	81,3	98,3	64,3	91,5	99,8	16,7
8	40,7	1,8	83,8	97,0	70,7	91,8	99,7	21,1
9	28,1	3,7	86,2	95,1	77,4	92,2	99,4	27,6
10	18,0	6,9	88,0	92,2	83,8	92,8	99,1	36,5
11	10,7	11,7	88,8	88,4	89,1	93,5	98,6	47,7
12	6,0	18,2	88,5	83,8	93,2	94,1	97,9	60,3
13	3,1	26,4	87,2	78,6	95,9	94,6	97,1	72,4
14	1,5	36,0	85,5	73,2	97,7	94,7	96,1	82,3
15	0,7	46,3	83,5	68,2	98,7	94,5	95,1	89,5

Die Vorgabe des Umfangs n der Probe und des kritischen Werts c sucht bei der Verteilung der Fehlerquoten α und β nach einem Kompromiss, wie es der zweite Fall (B) zeigt. Ein besseres Ergebnis wird erzielt, wenn die Genossenschaft (oder der Händler) die Signifikanz vorgibt, sodass Umfang n und Grenze c des Tests vom Gleichgewicht $(1-\gamma)\cdot\alpha=\gamma\cdot\beta$ bestimmt werden (Abschn. 1.2, Abb. 1.2). Wir leiten die Funktion für den Stichprobenumfang her.

Aus $\quad c = n\cdot\pi_0 + z[1-\alpha]\sqrt{n\cdot\pi_0\cdot(1-\pi_0)}\quad$ und $\quad c = n\cdot\pi_1 + z[\beta]\sqrt{n\cdot\pi_1\cdot(1-\pi_1)}$

folgt durch Gleichsetzen: $n = \left(\frac{z[1-\alpha]\sqrt{\pi_0\cdot(1-\pi_0)}-z[\beta]\sqrt{\pi_1\cdot(1-\pi_1)}}{\pi_1-\pi_0}\right)^2$ für $\pi_1 \neq \pi_0$.

A) Fordern die Parteien für den Fall einer Handelsbeziehung ohne Erfahrung $(\gamma=^1\!/_2)$ ein Gleichgewicht von Signifikanz und Macht auf dem Niveau $1-\alpha=1-\beta=95\,\%$ $(\alpha=\beta=5\,\%)$, dürfen bei einer Probe von $n=369$ Oliven höchstens $c=21$ Oliven bitter schmecken, damit die Lieferung vom Händler akzeptiert werden kann (bei $\tilde{e}=r=s=95\,\%$).

B) Für den Fall mit Erfahrung $(\gamma=^1\!/_{10})$ und der Abmachung, dass die Signifikanz $1-\alpha=98\,\%$ und die Macht $1-\beta=82\,\%$ sein sollen $(\alpha=2\,\%$ und $\beta=18\,\%)$, dürfen bei $n=265$ Oliven nicht mehr als $c=17$ Oliven bitter schmecken, um das Vertrauen des Händlers in den Zustand der Lieferung rechtfertigen zu können. Der Test ist evident mit $r=98\,\%$, $s=82\,\%$, $\tilde{e}=97\,\%$.

B) Soll jedoch der Umfang der Probe weiterhin nahe bei 200 liegen, kommen zwei etwa gleich gewichtige Lösungen infrage: Bei $c=13$ und $n=194$, durch $\alpha=2,8\,\%$ und $\beta=25,1\,\%$ mit der Evidenz $r=97\,\%$, $s=75\,\%$, $\tilde{e}\approx95\,\%$. Sowie bei $c=14$ und $n=212$ durch $\alpha=2,6\,\%$ und $\beta=23,0\,\%$ mit der Evidenz $r=97\,\%$, $s=77\,\%$, $\tilde{e}\approx95\,\%$.

2.2   Bayes-Schätzungen des Anteilwerts

Soll ein Anteilwert geschätzt werden, stellt sich die Frage, welche Methode dem Zweck der Aufgabe am besten dient. Bei Fall 1 ist der Anteilwert γ nicht vorgegeben; er bezeichnet die Quote negativer Tests, die das Vertrauen $(1-\gamma)$ des Händlers in die Lieferungen rechtfertigen soll. Wie sehr der Anteilwert γ schwankt, hängt von der Beschaffenheit der Liefermengen ab, die an ihrem Anteil π bitterer Oliven gemessen werden.

Registriert der Händler, dass x von n Lieferungen schlecht waren, kann diese Information zur Schätzung des unbestimmten Anteilwerts γ genutzt werden. Das gegenwärtige Modell des Priori-Anteils γ kennzeichnen wir durch $P(X=k|\gamma)$, denn γ bestimmt die Wahrscheinlichkeit $b(k;\,n;\,\gamma)$ des zufälligen Ergebnisses $X=k$ a-priori, gemäß der Binomialverteilung.

Gesucht ist eine Verteilung, die den Priori-Anteil γ als Anhaltspunkt versteht und ihn durch zusätzliche Information aus einer Beobachtung x innerhalb eines Vertrauensbereichs schätzt. Dieser empirische Ansatz geht zurück auf Bayes; er schätzt den Priori-Anteilwert γ durch seine Wahrscheinlichkeit $P(\gamma|X=x)$ a-posteriori, entsprechend der Beobachtung $X=x$.

Das Prinzip von Bayes, aus der Beobachtung auf die Wahrscheinlichkeit zu schließen, kann kritisch betrachtet werden. (Nur sollte die Kritik schon vorher, an der Stichproben-Theorie, angesetzt werden, denn die Verwässerung der Wahrscheinlichkeit beginnt bei der Erhebung der relativen Häufigkeit aus einer Stichprobe.) Doch Erstens, lässt sich die theoretischen Form einer Wahrscheinlichkeit von der empirischen klar unterscheiden und Zweitens, ist der Ansatz von Bayes nicht an die Vorstellung eines festen, theoretischen Anteilwerts gebunden, sondern gibt ihm durch zusätzliche empirische Daten (a-posteriori) einen realistischen Rahmen.

Die Bayes-Schätzung $P(\pi|X=x)$ eines beliebigen Anteilwerts π ist das Produkt einer Priori-Dichte $P(X=k|\pi)$ und der Information $L_n(x|\pi)$ aus einer Stichprobe von n unabhängigen Beobachtungen $x_i \in \{0, 1\}$, der sogenannten Likelihood (vgl. Voß et al. 2000, S. 384 f.).

Als Priori-Dichte wird die Gleichverteilung genommen, wenn keine Information über den Anteilwert π vorliegt. Sonst geht man von der Binomialverteilung aus oder, falls bei einer Reihe von Versuchen a Erfolge und b Misserfolge beobachtet worden sind, nimmt man die Beta-Binomialverteilung mit der Dichte $beta(\pi; a, b)$, die die Information a und b mit dem mutmaßlichen Anteilwert π verknüpft.

Beispielsweise könnte der Feinkosthändler a schlechte und b gute Lieferungen im Zeitraum eines Jahres registriert haben. Nun will er einen Vertrag für weitere Lieferungen machen und überlegt, welches Vertrauen er der Genossenschaft aufgrund seiner Erfahrung schenken kann und was dieses Vertrauen $(1-\gamma)$ für den Liefervertrag angesichts der Unsicherheit (α und β) der Tests weiterer Lieferungen bedeutet.

Bei der Bestimmung der Posteriori-Wahrscheinlichkeit eines beliebigen Anteilwerts π geht Stange (1976, vgl. S. 164 ff.) zunächst von der Gleichverteilung ($\pi=\frac{1}{2}$, keine Information) aus. Die Verknüpfung mit der Likelihood $L_n(x|\pi=\frac{1}{2})$ ergibt die Posteriori-Dichte $beta(x; \pi)$ der Betaverteilung mit den Parametern $a=b=1$ als Schätzung des Anteilwerts π:

$$P(\pi \mid X = x) = beta(x; \pi) = \frac{\Gamma(n+2)}{\Gamma(x+1)\,\Gamma(n-x+1)}\pi^x(1-\pi)^{n-x} \text{ mit } \Gamma(i+1) = i!.$$

Bei der klassischen Priori-Beziehung hat der Anteilwert π die Funktion einer formgebenden Konstante für die Dichte der Binomialverteilung: $b(k; n; \pi) = P(X=k|\pi)$. Dagegen meint der Posteriori-Ansatz, dass aufgrund der

Beobachtung x der Anteilwert π die Wahrscheinlichkeit $P(\pi|X=x)=beta(x;\ \pi)$ besitzt (Abb. 2.2).

Die Schätzung $P(\pi|X=x)$ mit Information $(a=a_0$ und $b=b_0)$ über den Anteilwert π erfolgt nach demselben Muster, durch Verknüpfung der Betaverteilung mit der Likelihood; näheres kann bei Stange (1976, Kap. 15) entnommen werden. Hier folgt ein kurzer Auszug mit dem Ergebnis der Herleitung.

Die Unsicherheit über den Priori-Anteilwert π entspreche der Dichte der Betaverteilung:

$$f(\pi;a;b) = \frac{\Gamma(a+b)}{\Gamma(a)\ \Gamma(b)}\pi^{a-1}(1-\pi)^{b-1} \text{ mit } \Gamma(i+1) = i!;$$

Stange (1976, vgl. S. 176 ff.) leitet daraus die Posteriori-Wahrscheinlichkeit von π bei n Versuchen her:

$$P(\pi\ |\ X=x) = beta(x;a;b;\pi) = \frac{\Gamma(a+b+n)}{\Gamma(a+x)\ \Gamma(b+n-x)}\pi^{a+x-1}(1-\pi)^{b+n-x-1}.$$

Die Fakultät Γ in dieser Formel ist auch für den Computer problematisch. Die Software einer Tabellenkalkulation hat numerische Algorithmen, die den Bruch kürzen oder logarithmieren. Einfach zu berechnen sind der Mittelwert p und die Standardabweichung s der Schätzung des Anteilwerts π mit der Information a, b und x über π.

Bayes-Schätzung: $\pi \approx p = \frac{a+x}{a+b+n}$ mit $s = \pm\sqrt{\frac{(a+x)(b+n-x)}{(a+b+n)^2(a+b+n+1)}}$.

Oder bei relativen Werten: $p = \frac{(a+b)\cdot p_0+n\cdot m}{a+b+n}, p_0 = \frac{a}{a+b}, m = \frac{x}{n}$.

Abb. 2.2 zeigt für den Anteilwert $\pi=\frac{1}{2}$ bei $x=40$ Erfolgen von $n=100$ Versuchen mit der Erfahrung $a=7$ Erfolge und $b=15$ Misserfolge die

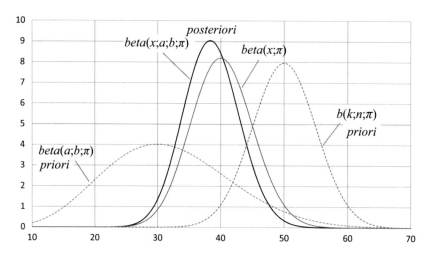

Abb. 2.2 Priori- und Posteriori-Dichten $\pi=\frac{1}{2}$. $x=40$, $n=100$, $a=7$, $b=15$

Posteriori-Dichten $beta(x; a; b; \pi)$ und $beta(x; \pi)$, neben den Priori-Dichten $beta(a; b; \pi)$ und $b(k; n; \pi)$, der Beta- und der Binomial-Verteilung. Aufgrund der Zusatzinformation x aus der Stichprobe (Likelihood) unterscheiden sich die Modi der Posteriori-Dichten von den Modi der Priori-Dichten, die keine empirische Information x aus der Stichprobe haben, deutlich.

Sind keine Beobachtungen über den Anteilwert π gemacht worden, setzt man $a=b=1$ in die Bayes-Schätzung ein. Man sieht, dass die Dichte $beta(x; a; b; \pi)$ $= P(\pi|X=x)$ den Anteilwert π mit der Beobachtung a, b und x verknüpft, doch der Mittelwert p von π befreit ist, sodass rein die Beobachtung zählt.

Wir bestimmen den Vertrauensbereich des Anteilwerts π bei einer Schätzung ohne Erfahrungswerte ($a=b=1$) durch die Posteriori-Dichte $beta(x; \pi)$, nachdem x Erfolge bei n Versuchen beobachtet worden sind.

Die Posteriori-Dichte lässt sich durch $beta(x; \pi)=(n+1)\cdot b(x; n; \pi)$ mithilfe der Dichte der Binomialverteilung ausdrücken (vgl. Stange 1977, S. 174). Somit kann zur Berechnung des Konfidenzintervalls anstelle der Betaverteilung die Normalverteilung genommen werden. Bei einer hinreichend großen Anzahl n von Versuchen und gegebener Signifikanz $1-\alpha$ liegt die Schätzung von π im Bereich $p\pm\varepsilon$. Die Bayes-Schätzung des Anteilwerts für $a=b=1$ ist:

$$\pi \approx p = \tfrac{x+1}{n+2} \text{ mit der Standardabweichung } s = \pm\sqrt{\tfrac{(x+1)(n-x+1)}{(n+2)^2(n+3)}}.$$

Bei $n=200$ Versuchen sind $p=14,36\,\%$ und $s=2,46\,\%$. Mit $(n\ p(1-p))^{1/2}=5>3$ ist die Approximation der Binomialverteilung ab $n=200$ hinreichend genau und wir können mit dem Quantil z der Standardnormalverteilung $\Phi(z)$ den Fehler ε der Schätzung bestimmen.

Das $(1-\alpha)$-Konfidenzintervall von π ist näherungsweise: $p\pm\varepsilon$ mit $\varepsilon = z[(1 - \tfrac{1}{2}\alpha)]\cdot s$.

Für $n=200$, $x=28$ und $1-\alpha=95\,\%$ ist $\varepsilon = 1,960\cdot 0,0246 = 4,82\%$.

Das 95 %-Konfidenzintervall für $\pi\approx p=14,36\,\%$ ist: $9,53\,\% < \pi < 19,18\,\%$.

Bei $n=500$ Versuchen sind $p=12,95\,\%$ und $s=1,50\,\%$.

Für $n=500$, $x=64$ und $1-\alpha=95\,\%$ ist $\varepsilon = 1,960\cdot 0,015 = 2,93\,\%$.

Das 95 %-Konfidenzintervall für $\pi\approx p=12,95\,\%$ ist: $10,01\,\% < \pi < 15,88\,\%$.

Der theoretische (unbestimmte) Anteilwert π hat die Gestalt p innerhalb des Rahmens $p\pm\varepsilon$. Um den Vertrauensbereich des Priori-Anteilwerts π in engen Grenzen zu halten, sind viele Versuche nötig. Im Beispiel der Abb. 2.3 erfolgt die Schätzung ohne Information durch $beta(x; \pi)$. Bei $n=500$ Versuchen und $x=64$ Erfolgen ist $p=65/502=12,95\,\%$ die mittlere Posteriori-Wahrscheinlichkeit von π mit der Standardabweichung $s=\pm 1,50\,\%$ und dem Fehler $\pm\varepsilon=2,93\,\%$.

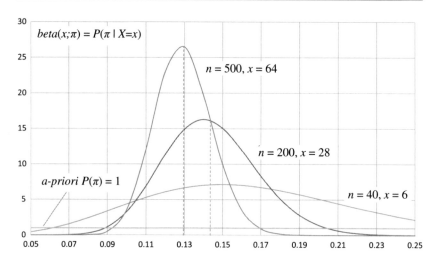

Abb. 2.3 Bayes-Schätzungen $\pi \approx p = beta(x;\, \pi)$ für $a = b = 1$ bis $n = 500$ Versuche

2.3   Die Qualität eines Automaten und seiner Serie (Fall 2)

Das Beispiel der Prüfung einer Serie von Spielautomaten charakterisiert den Hypothesentest in allgemeingültiger Weise. Der Zustand eines Automaten muss vor der Inbetriebnahme und in regelmäßigen Abständen geprüft werden. Von der ersten Produktionsreihe sind alle 3000 Automaten des einfachen Typs LB-7/8 zu testen. Über den Anteilwert γ defekter Automaten nehmen wir an, dass er von Serie zu Serie leicht schwankt, sodass der unbekannte Anteilwert γ nach Bayes (Abschn. 2.2) zu schätzen ist, während die Funktion des Automaten, das heißt sein vorgegebener Anteilwert π der Gewinne, keine erhebliche systematische Schwankung besitzt und sich durch die Binomialverteilung realistisch abbilden lässt.

Der Automat simuliert den Wurf von drei gleichen Medaillen (Seite 1: ♣ und Seite 2: ♙). Er hat drei rotierende Scheiben auf denen in gleichen Abständen jeweils gleichviele Seiten der Medaille stehen. Das Spiel hat acht gleich wahrscheinliche Ausgänge, die Varianten [♣|♣|♣] bis [♙|♙|♙].

Der Spieler wirft einen Dollar in den Slot und zieht den Hebel. Stoppen die Scheiben mit der Variante [🔔|🔔|🔔], dann läuten die Glocken und der Automat spuckt fünf Dollar aus. Läuft der Automat des Typs LB-7/8 korrekt (im Zustand τ_0 mit $\pi_0 = 1/8$), erzeugt er für den Spieler die Lotterie $S = (4 \$, 1/8\ 1\ \$, 7/8)$ und für den Betreiber die Lotterie $B = (1\ \$, 7/8; -4\ \$\ 1/8)$ mit der Gewinnerwartung $\mu_0 = E(B) = 7/8 \cdot 1 + 1/8 \cdot -4 = 3/8\ \$$ (Abb. 2.4).

Von der Grundgesamtheit Ω (Spielautomat Typ LB-7/8) prüfen wir den Anteil π der Erfolge [🔔|🔔|🔔], $x_1 = 1$. Der Wert $x_2 = 0$ repräsentiert die übrigen sieben Ausgänge des Spiels, das so auf ein Bit $\{0, 1\}$ (Misserfolg oder Erfolg) reduziert ist.

Die Hypothese $\tau = \tau_0$ (der Automat arbeitet im Sollzustand) lautet aus der Sicht der Eichung H_0: $\pi = \pi_0 = 1/8$ gegen H_1: $\pi \neq \pi_0$. Ist H_0 falsch (der Automat defekt), wäre $\pi_1 > \pi_0$ $(\mu_1 < \mu_0)$ ein Vorteil für den Spieler und $\pi_1 < \pi_0$ $(\mu_1 > \mu_0)$ ein Vorteil für den Betreiber.

Jeder der 3000 Automaten soll mit $n = 500$ Läufen geprüft werden. Die Summe $X = k$ (bei n Versuchen k Erfolge zu haben) ist binomialverteilt mit $P(X = k) = f_n(k, \pi) = n \cdot b(k; n; \pi)$ und der Verteilung $P(X \leq k) = F_n(k, \pi) = n \cdot B(k; n; \pi)$; ihr Erwartungswert ist $E(X) = n \cdot \pi$ mit der Varianz $n \cdot \pi \cdot (1-\pi)$. Die Laplace-Bedingung $\sigma = (n \cdot \pi \cdot (1-\pi))^{1/2} > 3$ Standardeinheiten ist erfüllt, sodass die Summe X approximativ normalverteilt ist und die Quantile a, c durch das Quantil z der Standardnormalverteilung $\Phi(z)$ bestimmt werden können.

$$H_0: \pi = \pi_0 = 1/8 \qquad\qquad H_1: \pi \neq \pi_0$$

Abb. 2.4 Spielautomat des Typs LB-7/8 im Sollzustand τ_0 mit $\pi_0 = 1/8$

Das 95 %-Konfidenzintervall $[a, c]$ des Automatentests.

Es gilt: $P(a \leq X \leq c)_{\pi_0} \approx \Phi(z[97{,}5\,\%]) - \Phi(z[2{,}5\,\%]) = 95\,\%$.

Aus $z[97{,}5\,\%] = \frac{\frac{c}{n} - \pi_0}{\sigma_n} = 1{,}96$ folgen für $\sigma_n = \sqrt{\frac{\pi_0(1-\pi_0)}{n}}$

die Grenzen der Erfolge für $n = 500$ Spiele: $a \approx n \cdot (\pi_0 - z \cdot \sigma_n) = 48$ und $c \approx n \cdot (\pi_0 + z \cdot \sigma_n) = 77$.

Probe mit der Binomialverteilung:

$$P(a \leq X \leq c)_{\pi_0} = \sum_{k=a}^{c} b(k; n; \pi_0) = \sum_{k=48}^{77} \left(\frac{500!}{k!(500-k)!} \right) \cdot 0{,}125^k \cdot 0{,}875^{500-k} = 95{,}8\,\%$$

Ein Test ist positiv und der Automat gilt als korrekt, wenn bei 500 Spielen mindestens 48-mal und höchstens 77-mal die Variante [▵|▵|▵] kommt und dem Spieler jeweils 5 $ ausschüttet.

Berechnung der Macht des Tests H_0: $\pi = \pi_0 = 1/8$ gegen die Alternative H_1: $\pi \neq \pi_0$ (zweiseitig).

Für $a = \pi_0 - z[1 - 1/2\alpha] \cdot \sigma_n$ und $c = \pi_0 + z[1 - 1/2\alpha] \cdot \sigma_n$ sind die Randwerte: $\alpha = P(X < a)_{\pi_0} + P(X > c)_{\pi_0}$ und

$$\beta = P(X \leq c)_{\pi_1} - P(X \leq a)_{\pi_1} \approx \Phi\left(\frac{\frac{c}{n} - \pi_1}{\sqrt{\frac{\pi_1(1-\pi_1)}{n}}} \right) - \Phi\left(\frac{\frac{a}{n} - \pi_1}{\sqrt{\frac{\pi_1(1-\pi_1)}{n}}} \right).$$

Betrachtet man die Alternative H_1: $\pi = \pi_1 = 1/7$, ist der Fehler 2. Art:

$$\beta = \Phi\left(\frac{0{,}154 - 0{,}143}{0{,}016} \right) - \Phi\left(\frac{0{,}096 - 0{,}143}{0{,}016} \right) = 76\,\%$$ und die Macht des Tests: $1 - \beta = 24\,\%$.

Beurteilung der Evidenz des Tests und Schätzung der Falschquote γ.

Vor dem Test der neuen Serie war die Falschquote γ der Automaten nicht bekannt. Bei $x = 26$ der 3000 Automaten lag die Summe X der Erfolge [▵|▵|▵] nicht im 95 %-Konfidenzbereich [48, 77] (und die Hypothese wurde verworfen). Die empirische Quote $x/3000 = 0{,}87\,\%$ defekter Spielautomaten ist zwar eine erwartungstreue Schätzung (vgl. Rinne 2003, S. 449 ff.) des Priori-Anteils γ, doch nach der Bayes-Theorie nicht für diesen, sondern für den nächsten Serientest. Zur Beurteilung der Evidenz des Tests greifen wir zur Bayes-Schätzung (Abschn. 2.2) des Anteilwerts $\gamma \approx p = 27/3002 = 0{,}90\,\%$. Der Automatentest hat die

Relevanz $r = \frac{(1-\gamma)\,(1-\alpha)}{(1-\gamma)\,(1-\alpha) + \gamma\,\beta} = \frac{(1-0{,}009)\,(1-0{,}05)}{(1-0{,}009)\,(1-0{,}05) + 0{,}009 \cdot 0{,}76} = 99{,}3\,\%$ und

Segreganz $s = \frac{\gamma(1-\beta)}{\gamma(1-\beta) + (1-\gamma)\alpha} = \frac{0{,}009 \cdot 0{,}24}{0{,}009 \cdot 0{,}24 + (1-0{,}009)0{,}05} = 4{,}2\,\%$.

Würde der Serientest der nächsten Produktionsreihe ebenfalls $x = 26$ defekte von $n = 3000$ Automaten ergeben und die Erfahrung des ersten Serientests $a = 26$ und $b = 2974$ in die Bayes-Schätzung p von γ einbringen, ergäbe sich a-posteriori $\gamma \approx p = 0{,}87\,\%$ (Abschn. 2.2). Das heißt: die erwartungstreue Schätzung

$26/3000 = 0,87\%$ des ersten Serientests ist die Priori-Quote γ des zweiten Serientests (s. oben).

Wäre a-priori jeder zweite Spielautomat defekt ($\gamma = \frac{1}{2}$), bliebe der Test H_0 weiterhin 95% signifikant und mit $1-\beta = 24\%$ mächtig, aber nur zu $r = 56\%$ relevant und $\tilde{e} = 69\%$ evident. Um im Falle einer hohen Quote γ defekter Spielautomaten die Evidenz des Tests zu erhöhen (die Unsicherheit der Entscheidung zu reduzieren), muss die Stichprobe $n = 500$ stark erhöht (mindestens verdoppelt) werden.

2.4 Unsicherheiten des Individual- und des Kollektivtests (Fall 3)

Die Labordiagnose ist ein Beispiel von Künstlicher Intelligenz im Bereich der Medizin. Sie kostet relativ wenig und ihre Befunde steuern mehr als die Hälfte der klinischen Entscheide (vgl. Huber 2009, S. 11). Das ist ein weiterer Grund, die Diagnosen genauer zu prüfen.

Ein Institut soll durch Labortests Diagnosen stellen, von Proben eines Kollektivs oder der Probe eines Individuums. Ein Kollektiv-Test betrifft n Personen ohne Verdacht auf die Krankheit aus einer Grundgesamtheit Ω (z. B. bei einer Reihenuntersuchung zur Ermittlung der Verbreitung einer Krankheit in einer bestimmten Region). Ein Individual-Test gilt einer Person mit ärztlicher Voruntersuchung und Symptomen der Krankheit, sodass der Zustand dieser Person der Untermenge $\Omega_i \subset \Omega$ der Grundgesamtheit entspricht und sie a-priori mit einer höheren Wahrscheinlichkeit erkrankt ist, als eine Person des Kollektivs.

Eine Person des Kollektivs ist vor dem Labortest mit der relativen Häufigkeit $w = 1-\gamma$ krank (Prävalenz = Priori-Wahrscheinlichkeit). Besteht ein Verdacht auf die Krankheit aufgrund von Symptomen einer ärztlichen Voruntersuchung, ist das Individuum vor dem Labortest mit der Wahrscheinlichkeit $w_i > w$ krank. Da in der Labormedizin grundsätzlich Verdacht auf eine Krankheit besteht, prüft ein medizinischer Test die Hypothese H_0 ($\tau = \tau_0$), die Person ist krank, sodass ein positiver Befund für den Zustand τ_0 „krank" spricht und τ_1 den Zustand einer gesunden Person bezeichnet (Abb. 2.5).

Das Institut soll herausfinden, ob Personen am C-Virus erkrankt sind. Das Labor hat ein Instrument, das eine Probe mit der Sensitivität u (Test positiv, falls die Person krank ist) und mit der Spezifität v (Test negativ, falls die Person gesund ist) diagnostiziert.

Die Relevanz des Tests $r = P(H_0 \text{ wahr} \,|\, H_0 \text{ beibehalten}) = P(\text{krank} \,|\, \text{positiv})$ ist die Quote mit der ein positiver Befund zutrifft. Ist beispielsweise die Krankheit

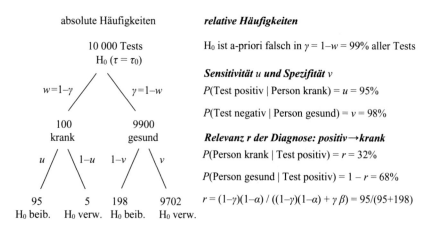

absolute Häufigkeiten

10 000 Tests
H_0 ($\tau = \tau_0$)

$w = 1 - \gamma$ $\gamma = 1 - w$

100   9900
krank   gesund

u $1 - u$ $1 - v$ v

95   5   198   9702
H_0 beib. H_0 verw. H_0 beib. H_0 verw.

relative Häufigkeiten

H_0 ist a-priori falsch in $\gamma = 1 - w = 99\%$ aller Tests

Sensitivität u und Spezifität v

P(Test positiv | Person krank) = $u = 95\%$

P(Test negativ | Person gesund) = $v = 98\%$

Relevanz r der Diagnose: positiv→krank

P(Person krank | Test positiv) = $r = 32\%$

P(Person gesund | Test positiv) = $1 - r = 68\%$

$r = (1-\gamma)(1-\alpha) / ((1-\gamma)(1-\alpha) + \gamma\beta) = 95/(95+198)$

Abb. 2.5 Testbedingungen der Hypothese H_0: $\tau = \tau_0$ (Person krank) in der Labormedizin

mit $w = 1\%$ verbreitet, und der Test hat die Sensitivität $u = 95\%$ und die Spezifität $v = 98\%$, ist er $r = 32\%$ relevant; das heißt: von drei positiv getesteten Personen ist eine Person tatsächlich krank (Abb. 2.5).

Die Likelihoods Signifikanz und Sensitivität sowie Macht und Spezifität unterscheiden sich aus formaler Sicht nicht wesentlich. Inhaltlich betrachtet, beziehen sich Signifikanz und Macht auf verschiedene Grundgesamtheiten, von denen nur eine existiert. Sensitivität und Spezifität beziehen sich auf Teilmengen einer Population $\Omega_k \cup \Omega_g = \Omega$, die beide existieren: Die Sensitivität gilt bei den Tests kranker Personen $\Omega_k \subseteq \Omega$ und die Spezifität bei Tests von gesunden Personen $\Omega_g \subseteq \Omega$. Das heißt: u und v entsprechen der Genauigkeit (Trennschärfe) einer Labormessung, sind weniger voneinander abhängig und werden nicht gewählt wie die Signifikanz ($1-\alpha$) oder Macht ($1-\beta$), die durch ($\alpha+\beta$)/2 ≤ 1 stärker aneinander gekoppelt sind.

Ein Labortest wäre perfekt, wenn er die Eigenschaft $\Omega_k \cap \Omega_g = \emptyset$ bei allen Proben genau abbildet und damit kranke von gesunden Personen sicher voneinander unterscheidet. Bei einem diagnostischen Test haben die Priori-Anteile w und w_i eine entscheidende Wirkung, besonders wenn die Krankheitswahrscheinlichkeit w_i eines Individuums klein ist (trotz der Symptome der Voruntersuchung). Da eine individuelle Labordiagnose eine Stichprobe vom Umfang $n = 1$ ist, kann eine kleine Priori-Krankheitsquote des Patienten durch eine hohe Sensitivität (bei einer Frühdiagnostik) bezüglich seiner Relevanz nur schwer kompensiert werden. Hinzu kommt, dass die Hypothese den Ausnahmezustand H_0 ($\tau = \tau_0$) betrifft (die Person sei krank) und bei einer Krankheitsquote $w_i < \frac{1}{2}$ die Spezifität (Macht) des Tests ein größeres Gewicht hat, als die Sensitivität und damit $v > u$ für die Evidenz des Tests günstig wäre.

Um die Verbreitung des C-Virus einer bestimmten Region herauszufinden, sollen n Personen ohne Verdacht auf die Krankheit aus der Population Ω willkürlich ausgewählt und ihre Proben im Labor getestet werden. Der Kollektiv-Test ergab keine infizierte Person unter $n = 10000$.

A-posteriori ist der Anteil $w \approx \frac{x+1}{n+2} = \frac{1}{10002} = 0{,}1\ \%_o$ (s. Bayes-Schätzung, Abschn. 2.2).

Wie hoch ist die Evidenz eines C-Virus-Individualtests mit der Sensitivität $u = 99{,}98\ \%$ und der Spezifität $v = 99{,}99\ \%$, wenn die Krankheit mit der Quote $w = 0{,}1\ \%_o$ in der Population Ω verbreitet ist (wenn eine von 10000 Personen am C-Virus erkrankt ist)? Für eine Person A) die ohne Voruntersuchung keine Symptome der C-Virus-Grippe hat, B) wegen Symptomen der Voruntersuchung mit der Quote $w_i = 10\ \%$ (vor dem Test) am C-Virus erkrank ist?

A) Die Person ohne Voruntersuchung und ohne Symptome ist a-priori mit $w = 0{,}1\ \%_o$ erkrankt und die Labordiagnose mit der Hypothese H_0 ($\tau = \tau_0$), die Person sei krank hat:

die Relevanz $r = \frac{wu}{wu + (1-w)(1-v)} = \frac{0{,}0001 \cdot 0{,}9998}{0{,}0001 \cdot 0{,}9998 + 0{,}9999 \cdot 0{,}0001} = 50{,}0\ \%$ und

die Segreganz $s = \frac{(1-w)v}{(1-w)v + w(1-u)} = \frac{0{,}9999 \cdot 0{,}9999}{0{,}9999 \cdot 0{,}9999 + 0{,}0001 \cdot 0{,}0002} = 100{,}0\ \%$.

Ein positiver Befund H_0 ($\tau = \tau_0$), die Person sei am C-Virus erkrankt, ist trotz hoher Spezifität und Sensitivität des Labortests $r = P(\text{Person krank} \mid \text{Test } H_0$ positiv$) = 50{,}0\ \%$ relevant, sodass jede zweite Person (ohne Voruntersuchung und ohne Symptom) mit positivem Befund am C-Virus erkrankt ist.

Auf den ersten Blick mag die Beurteilung des Tests verwirrend sein, doch der Test ist evident, denn die Evidenz sagt hier über den Test nur aus, was die Segreganz meint, dass er den Zweck der Trennung der beiden Summen, des Anteils kranker Ω_k und des Anteils gesunder Ω_g Personen erfüllt. Die Segreganz $s = 100\ \%$ bedeutet, dass negativ getestete Personen tatsächlich gesund sind. Hingegen meint die Relevanz, dass der Tests für die Diagnose eines Individuums nicht geeignet ist, da eine von zwei positiv getesteten Personen nicht krank ist (keinen C-Virus hat).

Dieser Fall charakterisiert die Güte statistischer Aussagen: Ein Kollektivtest ergibt eine sehr genaue Schätzung des Anteilwerts w kranker Personen, ist aber nicht relevant für eine Person des Kollektivs. Der Fall 3 hat die gleiche Struktur wie das Spiel mit der Münze (Abschn. 1.4) bei dem sich der Anteil der Seite „Zahl oben" nach vielen Versuchen auf $\pi = 50\ \%$ nahezu exakt einspielt, wenn die Münze fair ist. Bei einem einzelnen Wurf liegt die Zahlseite bei einem von zwei Versuchen oben (und es gibt nichts dazwischen).

Der Fall der Labormedizin macht deutlich, dass die Relevanz und die Segreganz eines Tests Bayes-Kriterien sind, die jeweils einem spezifischen Zweck dienen, während seine Evidenz $\tilde{e}$ (das gewichtete Mittel beider Kriterien) eine pauschale Güte des Tests ist. Die Labormedizin verknüpft auch die Sensitivität mit der Spezifität durch $d = w \cdot u + (1-w) \cdot v$, das gewichtete Mittel der spezifischen Genauigkeit der Labormessungen, das die „diagnostische Effektivität" des Tests genannt wird (Abb. 2.5).

Wir halten fest, dass die mittlere Evidenz $\tilde{e}$ das Gütekriterium eines Tests ist, wenn es sowohl auf die Relevanz als auch auf die Segreganz ankommt und der Anteil $\gamma = 1-w$ der Falschhypothesen nicht eines der beiden Kriterien fast auslöscht. Liegt $\gamma = 1-w$ nahe bei 1, kann der Test nur dem Zweck dienen, der eine hohe Segreganz verlangt; hier zur Bestimmung des Anteilwerts kranker Personen (Kollektiv-Test, hohe Spezifität). Liegt $\gamma = 1-w$ nahe bei 0, kann der Test nur dem Zweck dienen, der eine hohe Relevanz verlangt; hier zur Diagnose einer Person mit Verdacht ($w_i \gtrsim 1/10$) auf die Krankheit (Individual-Test, hohe Sensitivität).

B) Die untersuchte Person mit Symptomen der C-Virus-Grippe sei mit $w_i = 10\,\%$ erkrankt und die Labordiagnose mit der Hypothese H_0 ($\tau = \tau_0$), die Person sei krank, hat:

die Relevanz $r = \dfrac{wu}{wu + (1-w)(1-v)} = \dfrac{0{,}10 \cdot 0{,}9998}{0{,}10 \cdot 0{,}9998 + 0{,}90 \cdot 0{,}0001} = 99{,}9\,\%$ und

die Segreganz $s = \dfrac{(1-w)v}{(1-w)v + w(1-u)} = \dfrac{0{,}90 \cdot 0{,}9999}{0{,}90 \cdot 0{,}9999 + 0{,}10 \cdot 0{,}0002} = 100{,}0\,\%$.

Ein positiver Test H_0 ($\tau = \tau_0$) einer Person mit Voruntersuchung, die mit $w_i = 10\,\%$ krank ist, ist $r = P(\text{krank} \,|\, \text{positiv}) = 99{,}9\,\%$ relevant. Die Person leidet am C-Virus mit der Gewissheit von 99,9 %.

Mittelwerte

3

Die statistische Kontrolle zur Steuerung einer Produktion besteht aus drei Komponenten: Der Mittelwerttest, der Varianztest und der Anpassungstest. Der Mittelwert- und der Varianztest sind die notwendigen Bedingungen der Herstellung eines Produkts. Der Anpassungstest prüft, ob der Mittelwert und die Varianz der Stichproben im Bereich der unterstellten Verteilung liegen. Der Mittelwerttest geht von einer Normalverteilung aus; den Varianztests werden die Chi-Quadrat- oder die Fisher-Verteilung zugrunde gelegt. Eine ökonomische Bewertung der Kontrolle zeigt, dass der Gewinn und der Ausschuss der Produktion mit den Evidenzmaßen korrelieren und der Test nicht allein durch seine Signifikanz und Macht zu beurteilen ist.

3.1 Kontrolle und Steuerung einer Produktion (Fall 4)

Die Steuerung von Prozessen erfordert eine regelmäßige Kontrolle der kritischen Maße des Produkts. Sollen Teile mit einer hohen Präzision gefertigt werden, spielt der Zufall eine zentrale Rolle. Ob eine Maschine ordnungsgemäß produziert, lässt sich nicht mit Sicherheit erkennen und die Entscheidung, eine Produktion zu stoppen, kann zu früh (Fehler 1. Art) oder zu spät (Fehler 2. Art) getroffen werden. Unsicherheit entsteht dadurch, dass Messungen mehr oder weniger typisch ausfallen können und sie von drei Seiten genau, aber mit einer gewissen Reserve beurteilt werden müssen. – Ein Fall für die Bayes-Schätzung (Abschn. 2.2).

Werkstücke mit dem Innendurchmesser $\mu_0 = 4{,}10$ mm werden serienweise gefertigt; sie lassen sich verwenden, wenn ihr Durchmesser im Toleranzbereich

© Der/die Herausgeber bzw. der/die Autor(en), exklusiv lizenziert durch
Springer Fachmedien Wiesbaden GmbH, ein Teil von Springer Nature 2020
S. Weinmann, *Statistische Hypothesentests*, essentials,
https://doi.org/10.1007/978-3-658-30591-8_3

$\mu_0 \pm 50$ μm liegt, d. h. die Stücke im Bereich von 4,05 bis 4,15 mm sind verkäuflich. Die Standardabweichung der Bohrung soll maximal $\sigma_0 = \pm 18$ μm betragen.

Anmerkung: Maschinen produzieren heute (sobald ihre Temperatur erreicht ist) wesentlich konstanter als Maschinen der Generationen früherer Jahre. Dennoch repräsentieren die Daten (Tab. 3.1) viele Anwendungen, die heute noch gelten, wie beispielsweise das Problem bei der Abfüllung bestimmter Mengen (von Mehl, Salz, Zucker, Reis usf.) innerhalb einer Toleranz (z. B. Bamberg und Bauer 2001, S. 176).

Die Produktion der Werkstücke wird in drei Zustände eingeteilt: „grün" bedeutet, dass die Produktion normal verläuft; „gelb" bedeutet, dass die Produktion mit Mängeln innerhalb der Toleranzgrenze verläuft; „rot" bedeutet, dass der Prozess fehlerhaft läuft und gestoppt werden muss. Die Quoten des Fehlers 1. Art sind für die Warnstufe „gelb" 5% und für die Alarmstufe „rot" 1 %. Der Produktionszustand soll durch statistische Hypothesentests anhand von jeweils fünf Messungen (Tab. 3.1) laufend kontrolliert werden (Abb. 3.1).

Den Messungen darf unterstellt werden, dass schon das Einzelmaß X_i der Grundgesamtheit ungefähr normalverteilt N(μ; σ) ist, sodass der kleine Umfang $n = 5$ Messwerte bereits eine approximativ normalverteilte Summe X mit N($n \cdot \mu$; $n^{1/2} \cdot \sigma$) bildet und der Mittelwert $\overline{X}$ einer Stichprobe die Verteilung

Tab. 3.1 Innendurchmesser der Werksstücke und statistische Maße der Stichproben

Nr.	Stichprobenwerte [mm]					m	s	Δ
1	4,06	4,08	4,08	4,08	4,10	4,080	0,014	0,04
2	4,10	4,10	4,12	4,12	4,12	4,112	0,011	0,02
3	4,06	4,06	4,08	4,10	4,12	4,084	0,026	0,06
4	4,06	4,08	4,08	4,10	4,12	4,088	0,023	0,06
5	4,08	4,10	4,12	4,12	4,12	4,108	0,018	0,04
6	4,08	4,10	4,10	4,10	4,12	4,100	0,014	0,04
7	4,06	4,08	4,08	4,10	4,12	4,088	0,023	0,06
8	4,08	4,08	4,10	4,10	4,12	4,096	0,017	0,04
9	4,06	4,08	4,12	4,12	4,14	4,100	0,032	0,08
10	4,06	4,08	4,10	4,12	4,16	4,104	0,038	0,10
11	4,12	4,14	4,14	4,14	4,16	4,140	0,014	0,04
12	4,14	4,14	4,16	4,16	4,16	4,152	0,011	0,02

Quelle: G. H. Fischer, Telefunken-Zeitung 36, 1963, 43 (in Kreyszig 1979, S. 217)

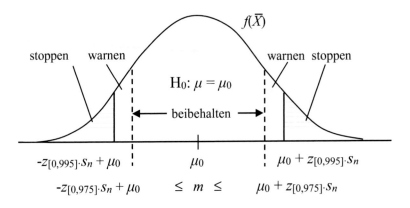

Abb. 3.1 Zweistufiger zweiseitiger Mittelwerttest

$N(\mu;\ \sigma/n^{1/2})$ erlangt. Die Theorie wird freilich durchkreuzt, indem sich die Sollmaße μ_0 und σ_0 während der Produktion verändern.

Wir prüfen die Hypothese des Sollzustands und vermuten, dass die Maschine normal läuft und Werkstücke mit dem Sollmaß produziert. Der Test wird zweifach, mit und ohne Vorgabe der Varianz, durchgeführt, wobei im zweiten Fall der Standardfehler s_n des Mittelwerts mit Hilfe der Standardabweichung s der Stichprobe geschätzt und das Quantil der t-Verteilung genommen wird (Abschn. 1.3).

Test der ersten Messreihe (Tab. 3.1)

Die Hypothese H_0 lautet: $\mu = \mu_0 = 4{,}10$ mm

Entscheidung (H_0 verwerfen): $|y| > z \Leftrightarrow \frac{|m-\mu_0|}{\sigma_n} > z\left[1 - \frac{1}{2}\alpha\right]$

A) Test bei Vorgabe der Standardabweichung $\sigma_0 = 18\ \mu$m

Die erste Stichprobe ergab den Mittelwert $m = 4{,}08$ mm

Der Standardfehler von m ist: $\sigma_n = \frac{\sigma_0}{\sqrt{n}} = \frac{0{,}018}{\sqrt{5}} = 8\ \mu$m

Die Testvariable ist: $|y| = \frac{|4{,}08-4{,}10|}{0{,}008} = 2{,}50$

Warnstufe (Test gelb, $\alpha = 0{,}05$): $z[0{,}975] = 1{,}96$

Hypothese verwerfen (warnen), da: $|y| = 2{,}50 > 1{,}96$

Alarmstufe (Test rot, $\alpha = 0{,}01$): $z[0{,}995] = 2{,}58$

Hypothese beibehalten (nicht stoppen), da: $|y| = 2{,}50 < 2{,}58$

B) Test bei unbekannter Standardabweichung

Die erste Stichprobe ergab die Standardabweichung $s = 14\ \mu$m

Der geschätzte Standardfehler von m ist: $s_n = \frac{s}{\sqrt{n}} = \frac{0{,}014}{\sqrt{5}} = 6\ \mu$m

Die Testvariable ist: $|t| = \frac{|4{,}08-4{,}10|}{0{,}006} = 3{,}33$

Warnstufe (Test gelb, $\alpha = 0{,}05$): $t_4[0{,}975] = 2{,}78$

Hypothese verwerfen (warnen), da: $|t| = 3{,}33 > 2{,}78$
Alarmstufe (Test rot, $\alpha = 0{,}01$): $t_4[0{,}995] = 4{,}60$
Hypothese beibehalten (nicht stoppen), da: $|t| = 3{,}33 < 4{,}60$

3.2   Macht und Evidenz des Mittelwerttests

Wir bestimmen die Macht des Hypothesentests H_0 ($\mu = \mu_0$) gegen die Alternative
H_1 ($\mu \neq \mu_0$) für Normalverteilungen $N(\mu_0; \sigma_0)$ und $N(\mu_1; \sigma_1)$ an den Grenzen a, c
aller drei Varianten, des zweiseitigen, unterseitigen und oberseitigen Tests.

Für $\mu \neq \mu_0$ (zweiseitig, Abb. 3.1) sind: $\alpha = P(X < a)_{\mu_0} + P(X > c)_{\mu_0}$ und
$\beta = P(X \leq c)_{\mu_1} - P(X \leq a)_{\mu_1} = \Phi\left(\frac{c-\mu_1}{\sigma_1}\right) - \Phi\left(\frac{a-\mu_1}{\sigma_1}\right)$,
    mit $a = \mu_0 - z[1 - \frac{1}{2}\alpha] \cdot \sigma_0$ und $c = \mu_0 + z_\Phi[1 - \frac{1}{2}\alpha] \cdot \sigma_0$.
Für $\mu < \mu_0$ (unten)   sind: $\alpha = P(X < a)_{\mu_0}$ und $\beta = P(X > a)_{\mu_1} =$
$1 - \Phi\left(\frac{a-\mu_1}{\sigma_1}\right)$,
    mit $a = \mu_0 - z[1 - \alpha] \cdot \sigma_0$.
Für $\mu > \mu_0$ (oben) sind: $\alpha = P(X > c)_{\mu_0}$ und $\beta = P(X < c)_{\mu_1} = \Phi\left(\frac{c-\mu_1}{\sigma_1}\right)$,
    mit $c = \mu_0 + z[1 - \alpha] \cdot \sigma_0$.
Die Messungen der Innendurchmesser legen nahe, dass $\mu_1 > \mu_0$ ist (Tab. 3.1).
Die Alternative sei H_1: $\mu = \mu_1 = 4{,}12$ mm mit der Standardabweichung
$\sigma_1 = 20\,\mu$m. Da Abweichungen jeweils auf beiden Seiten von μ möglich sind,
liegt hier der Fall des zweiseitigen Hypothesentests vor.
Für die Stichproben vom Umfang $n = 5$ ergeben sich folgende Werte:
Die   Standardfehler   von $\overline{X}$ sind: $\sigma_{n0} = \frac{\sigma_0}{\sqrt{n}} = \frac{0{,}018}{\sqrt{5}} = 8{,}0\,\mu$m   und
$\sigma_{n1} = \frac{\sigma_1}{\sqrt{n}} = \frac{0{,}020}{\sqrt{5}} = 8{,}9\,\mu$m
Für die Warnstufe ($\alpha = 5\%$) sind die Grenzen (Abb. 3.2):

$$a = \mu_0 - z[1 - \frac{1}{2}\alpha] \cdot \sigma_{n0} = 4{,}100 - 1{,}960 \cdot 0{,}0080 = 4{,}084\,\text{mm},$$

$$c = \mu_0 + z[1 - \frac{1}{2}\alpha] \cdot \sigma_{n0} = 4{,}100 + 1{,}960 \cdot 0{,}0080 = 4{,}116\,\text{mm}.$$

Der Fehler 2. Art des zweiseitigen Mittelwerttests der Warnstufe ist:

$$\beta = \Phi\left(\frac{c - \mu_1}{s_{n1}}\right) - \Phi\left(\frac{a - \mu_1}{s_{n1}}\right) = \Phi\left(\frac{4{,}116 - 4{,}12}{0{,}0089}\right) - \Phi\left(\frac{4{,}084 - 4{,}12}{0{,}0089}\right) = 31{,}8\,\%$$

Daraus folgt die Macht des Tests der Warnstufe: $1 - \beta = 68{,}2\,\%$.
Für die Alarmstufe ($\alpha = 1\,\%$) sind die Grenzen (Abb. 3.3):

$$A = \mu_0 - z[1 - \frac{1}{2}\alpha] \cdot \sigma_{n0} = 4{,}100 - 2{,}576 \cdot 0{,}0080 = 4{,}079\,\text{mm},$$

$$C = \mu_0 + z[1 - \frac{1}{2}\alpha] \cdot \sigma_{n0} = 4{,}100 + 2{,}576 \cdot 0{,}0080 = 4{,}121\,\text{mm}.$$

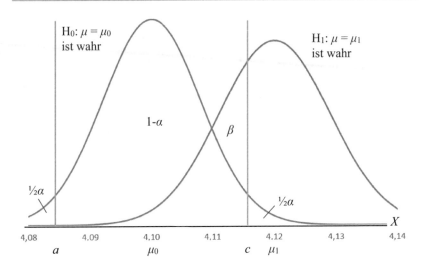

Abb. 3.2 Zweiseitiger Test $\mu = \mu_0$ gegen $\mu > \mu_0$ (mit $\sigma_1 > \sigma_0$)

Abb. 3.2 zeigt die Wahrscheinlichkeitsdichten des zweiseitigen Tests der Hypothese H_0 ($\mu_0 = 4,10$ mm und $\sigma_0 = 18\,\mu$m) gegen die Alternative H_1 ($\mu_1 = 4,12$ mm und $\sigma_1 = 20\,\mu$m) mit den Grenzen der Warnstufe ($\alpha = 5\%$) $a = 4,084$ mm und $c = 4,116$ mm. Man sieht, dass β vom Abstand der Mittelwerte $\mu_0 - \mu_1$ (von ihrer Lage) und in geringerem Maße von der Differenz der Standardabweichungen $\sigma_0 - \sigma_1$ (von ihrer Form) abhängig ist.

Beide Fehlerquoten α und β werden verkleinert, wenn der Umfang n der Stichprobe erhöht wird. Eine Vergrößerung des Umfangs n ist jedoch einerseits unter technischen Bedingungen oft nicht möglich und kann sich andererseits als ökonomisch nicht sinnvoll erweisen, wenn nämlich im Zustand „gelb" der Erlös der gefertigten Werkstücke die Kosten des Ausschusses überdeckt, also die Produktion mehr Gewinn erzielt, wenn sie nicht zu oft unterbrochen wird, selbst wenn sie im minderen Zustand „gelb" läuft.

Ökonomische Bewertung der Kontrolle

Was bedeuten die Kennzahlen des Tests für die Steuerung der Produktion? Der Fehler 2. Art ist etwa das Sechsfache des Fehlers 1. Art. Aber wir wissen, dass damit nicht gesagt ist, wie oft die Produktion läuft, obwohl sie fehlerhaft ist und wie oft sie unnötig gestoppt wird. Wie sich das ungleiche Verhältnis der beiden Fehlerquoten α, β auswirkt, hängt von der Quote γ des Zustands τ ab, in der die Produktion fehlerhaft ($\tau \neq \tau_0$) läuft.

Verknüpft man die Test-Maße γ, α und β mit dem Gewinn einer Tages-produktion, kann die statistische Kontrolle und Steuerung nach ökonomischen Kriterien bewertet und abgestimmt werden. Die Produktion ist vom Ausgang der statistischen Tests in folgender Weise abhängig:
Die Produktionszeit ist $T = 1440$ min. Ein Werkstück wird in $k = 0,5$ min gefertigt. Jeder Stopp kostet $j = 10$ min für die Justierung der Maschine. Die von den Test-Maßen und Zeitdaten T, k und j abhängige Tagesproduktion ist $x = x_0 + x_1$ Werkstücke, darunter die verkäuflichen Stücke x_0 und die unverkäuf-lichen Stücke x_1 (der Ausschuss).
Der Tagesgewinn ist die Differenz $g(x) = e(x_0) - c(x)$ zwischen den degressiven Funktionen $e(x_0)$ und $c(x)$. Der Erlös sei $e(x_0) = x_0 \cdot (0,9 \cdot w + 0,1 \cdot w \cdot (1 - k \cdot x_0/T)^{0,5})$ mit dem Stückpreis w und der Menge x_0 verkäuflicher Stücke und die Kosten $c(x) = F + x \cdot (0,8 \cdot f + 0,2 \cdot f \cdot (1 - k \cdot x/T)^{0,5})$ mit den mengenunabhängigen Kosten F und den Stückkosten f der Gesamtmenge x.
Die Produktionsdaten der Tab. 3.2 errechnen sich aus folgenden weiteren Parametern:

Tab. 3.2 Bayes-Evidenzmaße r, s des Mittelwerttests und Ergebnisse der Produktion

n	γ (%)	α (%)	β (%)	Relevanz r (%)	Segreganz s (%)	$\tilde{e}$ (%)	Gewinn $g(x)$ (€)	Ausschuss (%)
5	50,0	1	53,3	65,0	97,9	81,5	−538	38,7
5	50,0	5	31,8	74,9	93,2	84,0	340	32,1
5	50,0	10	22,5	80,0	88,6	84,3	582	29,2
5	50,0	20	13,9	85,2	81,1	83,2	555	27,0
5	10,0	1	53,3	94,4	83,8	93,3	8078	6,6
5	10,0	5	31,8	96,4	60,2	92,8	7795	5,0
5	10,0	10	22,5	97,3	46,3	92,2	7384	4,4
5	10,0	20	13,9	98,1	32,4	91,5	6535	4,0
5	5,0	1	53,3	97,2	71,1	95,9	9072	3,2
5	5,0	5	31,8	98,3	41,8	95,4	8671	2,4
5	5,0	10	22,5	98,7	29,0	95,2	8193	2,1
5	5,0	20	13,9	99,1	18,5	95,1	7256	1,9
10	5,0	1	19,9	99,0	80,8	98,0	9130	2,4
10	5,0	5	8,1	99,6	49,2	97,0	8787	2,1
10	5,0	10	4,6	99,7	33,4	96,4	8369	2,0
10	5,0	20	2,2	99,9	20,5	95,9	7556	2,1

Stückpreis $w = 10$ €, mengenunabhängige Kosten $F = 2000$ € und Stückkosten $f = 6$ €. Die Quote $\gamma = P(H_0$ falsch) schätzen wird mit der Bayes-Relation (Abschn. 2.2). Vormalige Tests ergaben $a = 10$, $b = 90$. Unter den ersten zehn Tests der Warnstufe war einer negativ, das heißt $x = 1$, $n = 10$, woraus sich die Bayes-Schätzung $\gamma \approx (10 + 1)/(10 + 90 + 10) = 10$ % ergibt.

Die Analyse der Produktion zeigt schwache Korrelationen ρ zwischen der Signifikanz des Tests und dem Gewinn g der Produktion $\rho(1-\alpha, g) = 0{,}11$ sowie zwischen Macht und Gewinn $\rho(1-\beta, g) = 0{,}17$. Dagegen sind die Korrelationen zwischen den Bayes-Evidenzmaßen und den Ergebnissen der Produktion stark: Zwischen der Relevanz r und dem Gewinn $\rho(r, g) = 0{,}93$ sowie zwischen mittlerer Evidenz $\tilde{e}$ und Gewinn $\rho(\tilde{e}, g) = 0{,}98$; zwischen Relevanz r und Ausschuss p sowie $\tilde{e}$ und Ausschuss $\rho(r, p) = -0{,}98$ und $\rho(\tilde{e}, p) = -0{,}96$. Als Ursache erkennt man die starken Korrelationen $\rho(\gamma, g) = -0{,}99$ und $\rho(\gamma, p) = 0{,}98$ zwischen der Falschquote γ des Mittelwerttests und dem Gewinn und dem Ausschuss der Produktion. Das unterstreicht den Vorteil der Bayes-Evidenzmaße bei der Beurteilung der Güte eines Tests.

Eine Verdoppelung des Stichprobenumfangs auf $n = 10$ ($\gamma = 5$ %) erhöht die mittlere Evidenz $\tilde{e}$ des Tests von 96 % auf 98 %, sie steigert den Gewinn aber nur geringfügig von 9072 € auf 9130 € und senkt den Ausschuss von 3,2 % auf 2,4 % defekte Werkstücke.

Die Relation zwischen den Fehlern 1. Art und 2. Art erzeugt bei $\alpha < \beta$ die Tendenz, den Gewinn zu erhöhen und bei $\beta < \alpha$ die Tendenz, den Ausschuss zu senken. Ist die Quote γ defekter Werkstücke hoch ($\gamma = \frac{1}{2}$), senkt sie die Wirkung der Signifikanz ($1-\alpha$) des Tests herab. Die Erweiterung des Stichprobenumfangs auf $n = 10$ erhöht zwar die Macht des Tests, verbessert das betriebliche Ergebnis aber nicht im gleichen Maße, da die Falschquote γ der Hypothese die Signifikanz mit $1-\gamma = 95$ % gewichtet (Tab. 3.2).

Die Mittelwerte der Stichproben (Tab. 3.1) sind auf der Kontrollkarte (Abb. 3.3) in zeitlicher Folge aufgezeichnet. Die beiden Grenzlinien (a, c) und (A, C) kennzeichnen die Tests für den Mittelwert auf der Warnstufe „gelb" ($\alpha = 5$ %) und auf der Alarmstufe „rot" ($\alpha = 1$ %).

In der 10. Messreihe ist erstmals ein Stück, das nicht verwendet werden kann. Obwohl der Abstand zum Stichprobenmittelwert $m-\mu_0 = 0{,}004$ mm ist, wird die Toleranz ± 50 μm beim fünften Werkstück überschritten. Das zeigt, dass die Hypothese für den Mittelwert nur eine *notwendige* Bedingung der Lösung des Problems ist und *nicht hinreicht* für eine ökonomische Steuerung der Produktion. Erst durch den Test der Standardabweichung der Messungen wird die Kontrolle wirksam und die Produktion kann rechtzeitig gestoppt werden.

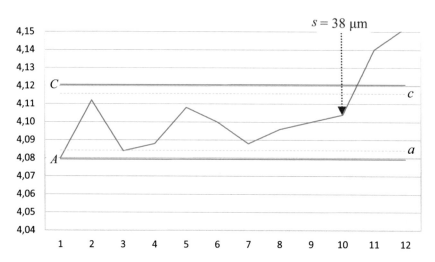

Abb. 3.3 Kontrollkarte der Produktion, Messreihen 1 bis 12 (Tab. 3.1)

3.3   Varianztests

Das Beispiel der Produktion eines Werkstücks zeigt, dass ein positiver Ausgang des Tests über das Sollmaß des Mittelwerts ($\mu = \mu_0$) nicht genügt, um den Prozess steuern zu können. Die Kontrolle muss auch von der zweiten Seite kommen und verlangt zusätzlich den positiven Ausgang des Tests über das Sollmaß der Standardabweichung ($\sigma \leq \sigma_0$), denn auch σ könnte sich im Verlauf der Produktion ändern. Die Produktion wird unterbrochen, sobald eine der beiden Hypothesen H_μ ($\mu = \mu_0$) oder Hypothese H_σ ($\sigma \leq \sigma_0$) nicht mehr gilt. Die Hypothese H_σ ($\sigma \leq \sigma_0$) soll verworfen werden, wenn die Standardabweichung s der Stichprobe die Schwelle $c = 28$ μm überschreitet.

Für den Varianztest eignet sich die Verteilung der Zufallsvariablen χ^2, die als Summe der Quadrate von n unabhängigen standardnormalverteilten Zufallsvariablen X_i definiert ist; ihre Beziehung zur Testvariablen Y ist im Anhang näher beschrieben. Bei Vorgabe des Quantils c ist die Signifikanz des Tests $1-\alpha = F_{n-1}((n-1)\cdot(c/\sigma_0)^2)$ für die χ^2-Verteilung $F_{n-1}(\chi^2)$ mit $n-1$ Freiheitsgraden (Tab. 3.3).

Steuerung der Produktion durch Hypothesentests der zehnten Messreihe (Tab. 3.1)

Entscheidungsregel: Die Produktion stoppt, wenn H_μ oder H_σ nicht mehr gilt.

Tab. 3.3 Quantile $\chi[1-\alpha]$, obere Grenze des Konfidenzintervalls, n Freiheitsgrade

$F(\chi,n)$ (%)	1	2	3	4	5	10	20	50	100	200
10,0	0,02	0,21	0,58	1,06	1,61	4,87	12,4	37,7	82	175
50,0	0,45	1,39	2,37	3,36	4,35	9,34	19,3	49,3	99	199
90,0	2,71	4,61	6,25	7,78	9,24	15,99	28,4	63,2	118	226
95,0	3,84	5,99	7,81	9,49	11,07	18,31	31,4	67,5	124	234

Die 10. Messreihe ergab: 4,06; 4,08; 4,10; 4,12; 4,16; mit $m = 4,104$ mm und $s = 38$ μm.

A) Test der Hypothese des Mittelwerts H_μ ($\mu = \mu_0 = 4,10$ mm) bei $\alpha = 5$ %

Testvariable: $Y = y_0 = \frac{(m - \mu_0)}{\frac{\sigma}{\sqrt{n}}} = \frac{(4,104 - 4,100)}{\frac{0,025}{\sqrt{5}}} = 0,36$

Quantil der Φ-Verteilung: $z_0 = z[1 - \frac{1}{2}\alpha] = z[0,975] = 1,96$

Da $y_0 \leq z_0$ ist, gilt die Hypothese H_μ mit der Signifikanz $1-\alpha = 95$ % und die Produktion läuft weiter (mit der Wahrscheinlichkeit des Fehlers 2. Art β).

B) Test der Hypothese der Standardabweichung H_σ ($\sigma \leq \sigma_0 = 18$ μm) bei $\alpha = 5\%$

Testvariable: $Y = y_0 = (n - 1)\frac{s^2}{\sigma_0^2} = 4 \cdot \frac{38^2}{18^2} = 17,83$

Quantil der χ^2-Verteilung: $x_0 = \chi_{n-1}^2[1 - \alpha] = \chi_4^2[0,95] = 9,49$

Da $y_0 > x_0$ ist, wird die Hypothese H_σ verworfen und die Produktion stoppt.

Evidenz des Varianztests

Der Varianztest hat schon vor der elften Stichprobe erkannt, dass die Produktion aus dem Ruder läuft und damit seinen Zweck erfüllt. Doch auch hier ist die Evidenz des Tests zu bestimmen; dies allerdings mit der Erwartung, dass seine Macht schwach ausfällt, wegen des geringen Abstands $\sigma_1 - \sigma_0 = 2$ μm von der Alternative zur Hypothese.

Die Priori-Quote γ der negativen Varianztests soll aus den aktuellen Messreihen geschätzt werden. Von zwölf Tests war einer negativ ($x = 1$, $n = 12$), sodass $\gamma \approx (2/14) \approx 14$ % ist, nach der Bayes-Schätzung ohne Information (Abschn. 2.2).

Trifft die Alternative ($\sigma \geq \sigma_1$) zu, gilt für die Macht des Varianztests:

$$1 - \beta = P(S^2 \geq c^2)_{\sigma_1} = P(Y > x_1)_{\sigma_1} \quad \text{mit} \quad x_1 = \chi_{n-1}^2[1 - \alpha] \cdot \left(\frac{\sigma_0}{\sigma_1}\right)^2 \quad \text{und}$$

$\beta = F_{n-1}(x_1)$.

Für $\alpha = 5$ %, $\sigma_0 = 18$ μm, $\sigma_1 = 20$ μm ist $x_1 = \chi_4^2[0,95] \cdot \left(\frac{18}{20}\right)^2 = 9,49 \cdot \left(\frac{9}{10}\right)^2 = 7,69$ und die

Wahrscheinlichkeit des Fehlers 2. Art $\beta = F_4(x_1) = F_4(7,69) \approx 90$ %.

Der Varianztest hat die Macht $1-\beta = 10$ % gegenüber der Signifikanz $1-\alpha = 95$ %.

Die Relevanz des Tests ist $r = \frac{(1-\gamma)(1-\alpha)}{(1-\gamma)(1-\alpha)+\gamma\beta} = \frac{(1-0,14)(1-0,05)}{(1-0,14)(1-0,05)+0,14\cdot0,90} = 87\,\%$,

seine Segreganz $s = \frac{\gamma(1-\beta)}{\gamma(1-\beta)+(1-\gamma)\alpha} = \frac{0,14\cdot0,10}{0,14\cdot0,10+(1-0,14)0,05} = 25\,\%$ und seine mittlere

Evidenz $\tilde{e} = (1-\gamma)\,r + \gamma\,s = (1-0,14)\cdot0,87 + 0,14\cdot0,25 = 78\,\%$.

Die Evidenz des Varianztests wird geschwächt durch seine geringe Macht, bedingt durch den kleinen Abstand $\sigma_1-\sigma_0=2\,\mu$m zwischen der Alternative und der Hypothese. Auch wenn man den Umfang der Stichprobe auf $n=10$ erhöht, wird sich daran nicht viel verbessern, solange der Abstand zur Alternative derart gering ist. Aus diesem Grund ergänzen wir den Test durch eine weitere Methode, die das Verhältnis zweier Varianzen mit dem Quantil der F-Verteilung vergleicht (Tab. 3.4).

Das Verhältnis $Y=(Y_1/m)/(Y_2/n)$ der beiden unabhängigen χ^2-verteilten Zufallsvariablen Y_1 und Y_2, mit m und n Freiheitsgraden, ist F-verteilt mit m, n Freiheitsgraden (vgl. Schira 2012, S. 494 f.).

Wir nehmen die Varianz der ersten sechs Stichproben (Tab. 3.1) und vergleichen sie mit der Varianz der zehnten Stichprobe. Die Hypothese H_0: $\sigma_1=\sigma_2$ gegen H_1: $\sigma_2>\sigma_1$ soll gelten, falls $Y\leq y$ für $P(Y\leq y)_{Fm,n}=95\,\%$ bei $m=4$, $n=29$ Freiheitsgraden erfüllt ist.

C) Test der Hypothese der Varianzen $\sigma_1=\sigma_2$ gegen $\sigma_2>\sigma_1$ bei $\alpha=5\,\%$

Die Stichproben 1 bis 6 ($n=30$) ergaben $s_1=21\,\mu$m, die Stichprobe 10 ergab $s_2=38\,\mu$m.

Testvariable: $Y = \left(\frac{s_2}{s_1}\right)^2 = \left(\frac{38}{21}\right)^2 = 3,27$

Quantil der F-Verteilung: $y = F_n^m[1-\alpha] = F_{29}^4[0,95] = 2,70$ (Tab. 3.4)

Da $Y>y$ ist, wird die Hypothese H_0 mit dem Fehler 1. Art $\alpha = P(Y > y)_{F_{m,n}} = 5\,\%$ verworfen und die Produktion stoppt.

Tab. 3.4 Quantile F[95 %] bei n, m Freiheitsgraden

$n\backslash m$	4	9	29	49	99	199
4	6,39	6,00	5,75	5,70	5,66	5,65
9	3,63	3,18	2,87	2,80	2,76	2,73
29	2,70	2,22	1,86	1,78	1,71	1,67
49	2,56	2,08	1,70	1,61	1,53	1,49
99	2,46	1,98	1,58	1,48	1,39	1,34
199	2,42	1,93	1,52	1,42	1,32	1,26

3.4 Anpassungstests

Die Messungen lassen vermuten, dass im Zuge der Produktion immer mehr Werkstücke vom Sollmaß abweichen. Der Stichprobenmittelwert $\overline{X}$ und seine Standardabweichung s scheinen sich von der idealen Verteilung $N(\mu_0;\ \sigma_0/n^{1/2})$ langsam zu lösen. Ein Blick auf die Entwicklung der Durchmesser der Werkstücke lässt vermuten, dass sich der Mittelwert um etwa 15 μm auf $\mu_1 = 4{,}115$ mm und die Standardabweichung um vielleicht 7 μm auf $\sigma_1 = 25$ μm vergrößert haben (Tab. 3.1).

Wir kontrollieren den Prozess von seiner dritten Seite aus und testen die Hypothese $F = F_1$, dass die Maße der Werkstücke aus der Verteilung $N(\mu_1;\ \sigma_1)$ stammen; trifft unsere Vermutung zu, dann ist die Signifikanz des Anpassungstests $P(Y \leq x_1)_{F_1} = 1 - \alpha$ und der Mittelwert $\overline{X}$ der Stichproben hat die Verteilung $F_1(x) = \phi\left(\frac{x-\mu_1}{\sigma_1}\right)$.

Tab. 3.5 zeigt die Aufteilung der $n = 60$ Messwerte (Tab. 3.1) in sechs Klassen, ihre Wahrscheinlichkeit p nach der Verteilung $N(\mu_1 = 4{,}115$ mm; $\sigma_1 = 25$ μm), ihre theoretische Häufigkeit $H = p \cdot n$ und ihre beobachtete Häufigkeit h.

Den Testwert $y = \sum_{k=1}^{6} \frac{(h_k - H_k)^2}{H_k} = 8{,}10$ vergleichen wir mit dem Quantil der χ^2-Verteilung. Bei $6-1 = 5$ Freiheitsgraden und der Signifikanz $1-\alpha = 95\%$ ist $x_1 = \chi_5^2[95\%] = 11{,}07$. Damit gilt die Hypothese $F = F_1$ mit der Signifikanz $P(Y \leq 11{,}07)_{F_1} = 95\%$ (Tab. 3.3). Das heißt: die Maße der Stücke sind normalverteilt, obwohl sich ihre Verteilung verschoben hat.

Für jeden Parameter der Verteilung, den man schätzt, wird ein Freiheitsgrad abgezogen. Gibt man μ_1 und σ_1 nicht vor und schätzt beide Parameter aus den Messwerten, ist x_1 das χ^2-Quantil bei $6-3 = 3$ Freiheitsgraden (vgl. Ehrenberg 1986, S. 170).

Tab. 3.5 Verteilung der Werte (Tab. 3.1) mit $N(\mu_1 = 4{,}115$ mm; $\sigma_1 = 25$ μm)

$a \leq x < c$	4,08	4,10	4,12	4,14	4,16	4,18	Summen
$p = P(a \leq x < c)$	0,08	0,19	0,31	0,26	0,12	0,03	1,00
$H = p \cdot n$	5	12	18	16	7	2	60
h	8	14	14	14	6	5	60
$y = (h-H) \cdot (h-H)/H$	0,96	0,49	1,01	0,19	0,25	5,20	8,10

Tab. 3.6 Verteilung der Werte (Tab. 3.1) mit $N(\mu_0 = 4{,}100$ mm; $\sigma_0 = 18$ μm)

$a \leq x < c$	4,08	4,10	4,12	4,14	4,16	4,18	Summen
$p = P(a \leq x < c)$	0,13	0,37	0,37	0,12	0,01	0,00	1,00
$H = p{\cdot}n$	8	22	22	7	1	0	60
h	7	14	14	14	6	5	60
$y = (h-H){\cdot}(h-H)/H$	0,12	2,91	2,91	6,40	35,99	971,22	1019,55

Die Entwicklung der Messwerte in den Stichproben 10 bis 12 und der negative Ausgang des Varianztests der zehnten Stichprobe haben es nahe gelegt, die Alternative F_1 zu testen. Zwar erscheint es aussichtslos, doch vergleichsweise werden wir auch die Hypothese $F = F_0$ der Soll-Verteilung betrachten.

Tab. 3.6 zeigt die Aufteilung der n Messwerte in sechs Klassen, ihre Wahrscheinlichkeit p nach der Verteilung $N(\mu_0 = 4{,}100$ mm; $\sigma_0 = 18$ μm), ihre theoretische Häufigkeit $H = p{\cdot}n$ und ihre beobachtete Häufigkeit h.

Der Testwert $y = \sum_{k=1}^{6} \frac{(h_k - H_k)^2}{H_k} = 1020$ ist so groß, dass die Hypothese $F = F_0$ klar zu verwerfen ist (Tab. 3.6). Das bestätigt die Hypothese $F = F_1$ sowie die Entwicklung der Mittelwerte der Stichproben, wie sie auf der Kontrollkarte abgebildet sind (Abb. 3.3).

3.5 Komponenten einer statistischen Kontrolle

Der Fall 4 zeigt am Beispiel der Steuerung einer Produktion, dass die statistische Kontrolle des Mittelwerts aus drei Komponenten besteht. Die Hypothesentests betreffen: Erstens, das Sollmaß $\mu = \mu_0$ (Mittelwerttest) und Zweitens, das Sollmaß $\sigma = \sigma_0$ (Varianztests); sie helfen, die unverkäuflichen Stücke einer Fertigung zu minimieren oder den Gewinn zu maximieren. Dabei prüft der χ^2-Test ($\sigma = \sigma_0$), ob der Mittelwert $\overline{X}$ der Stichprobe die einzelnen Messungen repräsentiert; der F-Test ($\sigma_1 = \sigma_2$) prüft, ob innerhalb der Stichproben die Varianzen erheblich voneinander abweichen. Drittens, prüft die Hypothese $F = F_0$, ob die Maße der Stichproben $\overline{X}$ und s zur Normalverteilung $F_0 = N(\mu_0; \sigma_0/n^{1/2})$ passen; das heißt auch, ob der Umfang n der Stichprobe groß genug ist, um die Normalverteilung unterstellen zu können (Anpassungstest).

Die Güte der Tests wird nicht allein durch die Signifikanz und Macht bestimmt, sondern durch die Evidenz-Maße Relevanz und Segreganz. Das heißt, nach der Regel von Bayes werden die Signifikanz und Macht (als Likelihoods) mit der Falschquote des Tests zum Evidenzmaß verknüpft. Ist die Falschquote unbekannt, kann ihre Wahrscheinlichkeit durch die Formel von Bayes (Abschn. 2.2) geschätzt werden.

Bausteine der Künstlichen Intelligenz

4

Künstliche Intelligenz entsteht in der Zentraleinheit des Computers. Aus dieser Sicht ist KI die Menge der Software eines bestimmten Aufgabenbereichs. Die Stufe der Intelligenz lässt sich an der Komplexität des Problems messen, das durch eine Software gelöst werden kann. Wenn es um die Aufgabe geht, eine Software zu entwickeln, liegt die KI weit unterhalb der menschlichen Leistungsfähigkeit. Ein künstliches neuronales Netz oder ein anderer Ansatz der unscharfen Logik kann die Aufgabe des Entwurfs nicht einmal annähernd lösen. – Der folgende Entwurf des Bausteins einer KI kann durch eine Maschine übersetzt, aber nicht von ihr erschaffen werden. Doch das Softwareprodukt (ein künstlicher Agent) erfüllt die Aufgabe der Kontrolle schneller und zuverlässiger, als ein menschlicher Experte dies tun kann, sodass der Baustein zur Lösung des Falls 4 eine typische Form der Künstlichen Intelligenz ist.

4.1 Begriff und Aufgabe

Künstliche Intelligenz ist ein Produkt, das die Modelle der Mathematik, die Instrumente und Sprachen der Informatik, die Methoden der Technik und fachliches Wissen nutzbar macht. Bezeichnet man ein System als intelligent, wenn es in der Lage ist, Information über ein Problem zu gewinnen und diese vollständig zur Lösung des Problems zu nutzen, dann ist KI die Synthese aus Maschine und Algorithmus, aus Hardware und Software eines bestimmten Gebiets. Mit einem Vorbild der KI, der Entwicklung des Computerschachs, haben wir den Essay eingeleitet. Nach den methodischen Grundlagen der Kap. 1 bis 3 folgt der Entwurf einer KI in der Gestalt eines künstlichen Agenten; er soll bei unsicheren Beobachtungen die richtige Entscheidung treffen.

© Der/die Herausgeber bzw. der/die Autor(en), exklusiv lizenziert durch Springer Fachmedien Wiesbaden GmbH, ein Teil von Springer Nature 2020
S. Weinmann, *Statistische Hypothesentests*, essentials, https://doi.org/10.1007/978-3-658-30591-8_4

Der Agent erledigt eine Aufgabe nach folgendem Muster: 1) Beobachtung (Stichprobe) der Umwelt (Grundgesamtheit), 2) Analyse der Beobachtung, verknüpft mit der Erfahrung, 3) Entscheidung (nach einer Regel, wie Hypothesentest, Minimierung, Maximierung usf.) und 4) Beurteilung der Entscheidung (nach einem Kriterium, wie Evidenz, Kosten, Gewinn, Nutzen usf.). – Der Intelligenz-Quotient des Agenten ist die Evidenz (Gewissheit) mit der seine Entscheidung (im Rahmen der Unsicherheit) die Aufgabe erfüllt.

4.2   Objektorientierter Entwurf

Wir entwerfen einen Agenten zur Kontrolle einer Produktion, entsprechend dem Fall 4 des Kap. 3. Der Agent hat die Aufgabe, den Zustand der Fertigung laufend zu prüfen. Seine Entscheidungsregel ist der Hypothesentest; damit kann er zwei Zustände {falsch, richtig} unterscheiden oder, wie beim Mittelwerttest mit abgestuftem Signifikanzniveau, den Zustand des Systems auf der Skala (Grün, Gelb, Rot) einordnen. Um dem Agent die Freiheit zu geben, ähnliche Aufgaben mit anderen Methoden lösen zu können, und nicht nur über zwei oder drei, sondern über n Alternativen entscheiden zu können, verlangt der Entwurf einen höheren Grad von Abstraktheit (Abb. 4.1 und 4.2).

Der Entwurf des Agenten kann aus verschiedenen Perspektiven erfolgen. Wir wollen dabei nicht den orthodoxen Software-Entwickler begeistern, sondern dem Statistiker die Chance geben, ohne Kenntnis der Objektorientierten Programmierung, den Entwurf zu verstehen. Danach ergibt sich das Muster zweier Familien von Agenten, die einen gemeinsamen Vater haben. Jedes Kind spezialisiert nach seiner eigenen Bestimmung die vom Vater geerbten Eigenschaften. Die Endknoten des Stammbaums in der Abb. 4.1 benennen fünf Kinder des Agenten. Die ersten drei Kinder „Mittelwert", „ChiQuadrat" und „Fisher" sind auf eine der drei Arten von Hypothesen fixiert; über die Zustände des Systems werden sie informiert durch ihre Mutter „HypoTest" (zwei der Kinder werden auch unterstützt von ihrer älteren Schwester „Varianz"). Die Kinder „LogNutzen" und „PotenzNutzen" sind in der Lage, über viele Alternativen nach der Methode der Nutzenmaximierung zu entscheiden; versorgt mit Information werden sie von ihrer Mutter „NutzenMax", der Stiefmutter der drei Geschwister „Mittelwert", „ChiQuadrat" und „Fisher" (Abb. 4.1).

Der Agent entscheidet durch die Regeln des Hypothesentests und beurteilt die statistische Analyse, wie sie in den Kap. 1 bis 3 beschrieben ist. Das Klassendiagramm (Abb. 4.1) zeigt, wie das Entwurfsmuster dem Agenten die Eigenschaft verleiht, ähnliche Aufgaben lösen zu können. Anstelle einer Kontrollfunktion

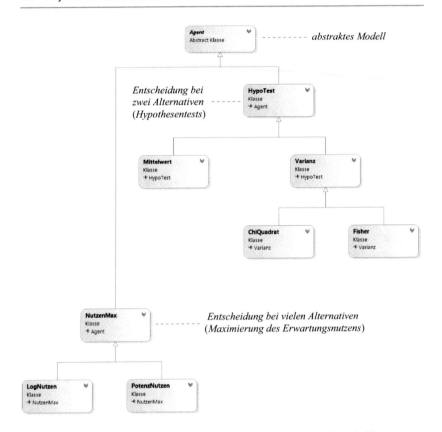

Abb. 4.1 Objektorientierter Entwurf eines polymorphen Agenten für Entscheidungen

mithilfe des Hypothesentests kann der Agent auch ein größeres Auswahlproblem durch eine andere Methode lösen, beispielsweise aus einer Vielzahl gemischter Aktien das optimale Portfolio durch den Erwartungsnutzen bestimmen. Den Nutzen kann der Agent logarithmisch oder mit der Potenzfunktion abbilden (vgl. Weinmann 2018, Kap. 3 und 4).

Der Entwurf des Agenten beginnt mit der Verteilung seiner Kompetenzen auf Objekte. Die Merkmale der Objekte sind ihre Methoden und Daten. Objekte mit gemeinsamen Merkmalen bilden eine Klasse. Zu den gemeinsamen Methoden zählt die Kompetenz der Entscheidung. Die Entscheidung des Agenten folgt nach einer bestimmten Regel; beim Hypothesentest ist sie der Vergleich des Testwerts aus der Stichprobe mit dem Quantil einer Verteilung. Beim Test des Mittelwerts

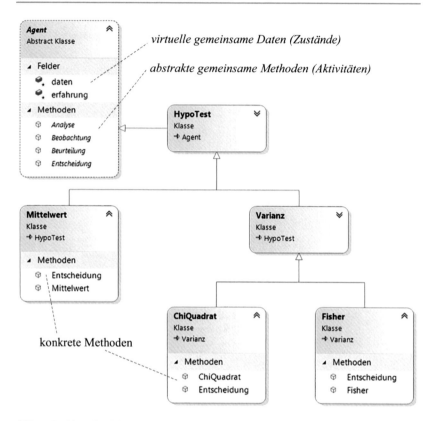

Abb. 4.2 Abstrakte Klasse und -Methoden eines polymorphen Kontroll-Agenten

stammt das Quantil aus der Normalverteilung, beim Test der Varianz aus der Chi-Quadrat- oder Fisher-Verteilung. Das heißt, der Agent kann seine Entscheidung nicht an eine feste Regel binden. Diesen Umstand berücksichtigt der objektorientierte Entwurf durch die Deklaration einer abstrakten Methode innerhalb einer abstrakten Klasse. Überträgt man diese Technik konsequent auf den gesamten Entwurf, entsteht das Bild des vielseitigen (polymorphen) Agenten für Entscheidungen bei Unsicherheit (Abb. 4.1 und 4.2).

Die abstrakte Klasse „Agent" sieht vor, *was* ein Agent zu tun hat, aber nicht *wie* (nach welcher Regel) er die Aufgaben erfüllen soll. Die abstrakten Methoden „Beobachtung", „Analyse", „Beurteilung" und „Entscheidung" werden, je nach Art der Aufgabe, in den von der Klasse „Agent" abgeleiteten (unteren) Klassen spezifiziert; sie ermöglichen dem Agenten, zu beobachten, analysieren, beurteilen und über eine Sache zu entscheiden, ohne vorher genau festzulegen, um welche Sache es sich handelt. Die (virtuellen) Felder „daten" und „erfahrung" können (in diesem Entwurf) nicht in der Klasse „Agent" definiert werden. Das geschieht eine Ebene tiefer, entweder durch ein Objekt der Klasse „HypoTest" oder durch ein Objekt der Klasse „Nutzenmax", jeweils mit der objekt-spezifischen Methode „Beobachtung", die beim Hypothesentest eine Stichprobe im Feld „daten" eines Agent-Objekts speichert (Abb. 4.2).

4.3 Softwarekomponenten eines Entscheidungsagenten

Der Entwurf des Bausteins ist unabhängig von der Wahl der objektorientierten Sprache. Hier ist das Programm mit den Klassen und Methoden in der Sprache C# für die .NET-Plattform dargestellt. Der Entwurf kann leicht nach C++ oder Java portiert werden. Das Paradigma des Objektorientierten Entwurfs und seine Programmiertechnik ist in Weinmann (2002, Kap. 3) ausführlich dargestellt.

Das gesamte Programm lässt sich innerhalb des Essentials nicht abbilden. Um einen Einblick in die Werkstatt des Entwicklers zu geben und andererseits das Prinzip des abstrakten Entwurfs des Agenten sichtbar zu machen, sollen stattdessen charakteristische Elemente der Software vorgestellt werden. Wir verbinden das mit dem Vorteil, einen Kernpunkt, die Evidenz eines Hypothesentests, vom logischen Blickwinkel aus verständlicher zu machen.

Im Fall 4 (der Kontrolle) sei der Zustand der Entscheidung durch $d \in \{-1, 0, 1\}$ bezeichnet, wobei -1 für Hypothese H_0 verworfen (Test negativ) und 1 für H_0 beibehalten (Test positiv) steht; 0 bezeichnet den Zustand *vor* der Entscheidung. Die Evidenz des Tests entspricht der Abbildung $(d, e) \in \{(-1, s), (0, \tilde{e}), (1, r)\}$ des Produkts $\{-1, 0, 1\} \times \{s, \tilde{e}, r\}$ (Abschn. 1.2).

Die Darstellung der funktionalen Beziehung mit den Symbolen der Mengenlehre erleichtert die Programmierung erheblich. Die Definition der Evidenz-Variablen übersetzt man in die Sprache C# (ebenso in C, C++ oder Java) durch folgende Anweisungen (für zustand $= d$):

```
if ( zustand == 0 ) // falls der Test noch nicht entschieden
ist
{
    evidenz = ẽ; // gewichteter Mittelwert ẽ = (1-γ) r +γ s der
Evidenzmaße r und s
}
```

```
else
{
  if (zustand == 1) // falls der Test positiv entschieden
ist (Hypothese beibehalten)
  {
   evidenz = Relevanz();
  }
  else // falls der Test negativ entschieden ist (Hypothese
verwerfen)
  {
   evidenz = Segreganz();
  }
}
```

Auch von der Sprache des Programmierers kann hier nur das Notwendigste erklärt werden. Das Symbol „//" steht vor einem Kommentar und hat sonst keine Bedeutung. Eine Variable muss einer Skala (ihrem Datentyp) zugeordnet werden. Das Wort „int" bedeutet Ganze Zahl und „double" bedeutet Reelle Zahl (eine Gleitpunktdualzahl mit Exponent und Mantisse).

Die hier genutzten Struktursymbole der Sprache bedeuten: „;" trennt einzelne Anweisungen und „{ }" markiert einen Block von Anweisungen. Wir verwenden die Anweisung „$x = a$;" für die Wertzuweisung der Variablen x und „$(x == a)$" für den Vergleich von x mit a. Der Wert der Variablen y ist durch „if $(x == a)$ $y = b$; else $y = c$;" entweder b (falls $x == a$ wahr ist) oder c (falls $x == a$ falsch ist). In der Kurzform lautet die Wertzuweisung: „$y = (x == a)?b:c$;".

Eine Methode (Aktivität) ist ein Block mit einem Namen und einer Reihe Parametern, die zwischen runden Klammern stehen: „Bezeichner(Parameter) { }". Folgende Schlüsselworte dienen zur Beschreibung der Objekte eines Programms: „class" für den Typ des Objekts, „abstrakt" und „virtual" für Objekte, die erst in den abgeleiteten Klassen spezifiziert werden (müssen oder sollen). Durch die Modifizierer „private", „protected" oder „public" können Zugriffsrechte vergeben werden, die hier zum Verständnis des Entwurfs unwesentlich sind.

Der Modifizierer „override" definiert die Methode „Beurteilung" in der von der abstrakten Klasse „Agent" abgeleiteten Klasse „HypoTest". Das Maß der Evidenz der Entscheidung drückt man als Funktionswert in der Rückgabeanweisung „return" mit einem kurzen Programmcode aus (s. Anweisung „if", oben).

```
public override double Beurteilung() // Evidenz der Ent-
scheidung bei zustand = d (s. oben)
{
```

```
    double  evidenz  =  (1-  gamma)  *  Relevanz()  +  gamma  *
Segreganz();
    return  zustand  ==  0  ?  evidenz  :  (zustand  ==  1  ?
Relevanz()  :  Segreganz());
}
```

Entsprechend ist die Methode „Entscheidung" in der abgeleiteten Klasse „Fisher"
definiert. Die Methode „Beobachtung" hat die beiden Maße m und s der Stichprobe im Feld „daten" unter dem Synonym „probe" gespeichert. Die i-te Probe
hat den Mittelwert $m = $ probe[i][0] und die Standardabweichung $s = $ probe[i][1].
Das Quantil z der F-Verteilung hat hier $n-1 = 4$ und $30-1 = 29$ Freiheitsgrade
(Abschn. 3.3).

```
public  override  int  Entscheidung()  //  Ausgang  des  Tests  bei
Probe  i  vom  Umfang  n
{
    double  y  =  (probe[i][1]  /  s1)  *  (probe[i][1]  /  s1);  //
Testwert  y  =  (s2/s1)²  (Abschn.  3.3)
    double  z  =  chart.DataManipulator.Statistics.InverseFDist
ribution(alfa,n-1,29);
    return  (y  <  z)  ?  1  :  -1;  //  1  bedeutet  H₀  beibehalten,  -1
bedeutet  H₀  verwerfen
}
```

Die Beobachtung des Agenten besteht aus dem Mittelwert m und der Standardabweichung s einer Stichprobe vom Umfang n. Um den Effekt des Polymorphismus
eines objektorientierten Entwurfs zu demonstrieren, vereinbaren wir (außerhalb
der Klassen) die Routine „Test" für die Handlung eines Agenten mit Aus-
gabe seiner Ergebnisse auf die Konsole. Das ist der Kern des objektorientierten
Programms.

```
int  Test(  Agent  agent  )  //  Handlung  eines  Agenten  mit  Nach-
richt  auf  Konsole
{
    agent. Beobachtung( probe );
    agent.Analyse();
    Console.WriteLine(    agent.Typ(),    agent.Entscheidung(),
agent.Beurteilung() );
    return  agent.Entscheidung();
}
```

Das Programm zur Kontrolle der Produktion erzeugt Agenten durch den Operator „new" für den Mittelwerttest und den Fisher-Varianztest mit Übergabe der statistischen Daten der Hypothese H_0 ($\mu_0 = 4{,}10$ mm, $\sigma_0 = 18$ μm), der Alternative H_1 ($\mu_1 = 4{,}12$ mm, $\sigma_1 = 20$ μm), der Fehler $\alpha(\mu) = 1$ % und $\alpha(\sigma) = 5$ % sowie der geschätzten Anteile $\gamma(\mu) = 10$ % und $\gamma(\sigma) = 14$ % falscher Hypothesen (Abschn. 3.2).

```
Agent mittelwert = new Mittelwert(4.10, 0.018, 4.12, 0.020,
0.01, 0.10);
Agent varianz = new Fisher(4.10, 0.018, 4.12, 0.020, 0.05,
0.14);
do
{
   // Anweisungen zur Erweiterung des Programms
}
while ( Test( mittelwert ) > 0 && Test( varianz ) > 0 ); //
wiederhole solange Tests positiv
```

Die Agent-Objekte „mittelwert" und „varianz" kontrollieren den Ablauf der Fertigung. Das polymorphe Unterprogramm „Test(Agent)" verkürzt den zentralen Programmteil stark. Der Operator „&&" verknüpft die Ausgänge der Tests (Zustände -1 oder 1) zu einem logischen Wert {falsch, wahr} für die Steuerung der Schleife. Ist einer der beiden Tests negativ (-1), endet die Wiederholung und die Produktion stoppt zur Justierung der Maschine.

Programmläufe mit C# ergaben für die Hypothese H_μ ($\mu = \mu_0 = 4{,}10$ mm) negative Tests bei den Stichproben 11 und 12, während die Hypothese H_σ ($\sigma \leq \sigma_0 = 18$ μm) bei der Stichprobe 10 verworfen wurde, jeweils unter der Vorgabe der Signifikanz $1-\alpha$. Das deckt sich mit den Ergebnissen der Tests im Kap. 3.

Entwurfsprinzip des Softwarebausteins vom Typ Agent
Die abstrakte Klasse „Agent" besteht aus abstrakten (oder virtuellen) Methoden, die in den abgeleiteten Klassen spezifisch implementiert werden müssen (oder sollen). Damit gibt der Agent seine Eigenschaften an die Agenten der unteren Klassen weiter, als eine Verpflichtung nach dem Prinzip der Vererbung. Es wird also dem Agenten noch nicht gesagt, nach welcher Regel (wie) er sich entscheiden wird, sondern lediglich, dass er grundsätzlich die Eigenschaft hat, sich zwischen zwei oder mehreren Dingen entscheiden zu können.

Anhang

5

5.1 Die χ^2-Verteilung (theoretische Grundlage)

Gesucht ist eine Testvariable Y der Stichprobenvariable S^2 mit $n-1$ Freiheitsgraden:

$$S^2 = s(x)^2 = \frac{1}{(n-1)} \sum_{i=1}^{n} (x_i - \mu)^2 = \frac{1}{(n-1)} \sum_{i=1}^{n} X_i^2.$$

Für den Varianztest eignet sich die Verteilung der Zufallsvariablen χ^2, die als Summe der Quadrate von n unabhängigen standardnormalverteilten Zufallsvariablen X_i definiert ist:

$$\chi^2 = \chi_n^2 = X_1^2 + X_2^2 + \ldots + X_n^2 = \sum_{i=1}^{n} X_i^2.$$

$F(\chi^2)$ oder $F_n(x), x \in \chi_n^2$ heißt Chi-Quadrat-Verteilung mit n Freiheitsgraden.

Bei einer Stichprobe vom Umfang n mit der empirischen Varianz s^2 und der Varianz σ^2 aus einer normalverteilten Grundgesamtheit $N(\mu;\ \sigma \neq 0)$ hat die Variable (vgl. Kreyszig 1979, S. 381 f.):

$Y = \frac{\chi^2}{\sigma^2} = \chi_{n-1}^2 = \frac{(n-1)s^2}{\sigma^2}$ eine χ^2–Verteilung mit $n-1$ Freiheitsgraden.

Für den Test $\sigma = \sigma_0$ ist die Signifikanz: $1 - \alpha = P\left(S^2 \le c^2\right)$ mit $c^2 = \sigma_0^2 \frac{\chi_{n-1}^2[1-\alpha]}{n-1}$.

Für die Alternative $\sigma = \sigma_1$ hat er die Macht:

$$1 - \beta = 1 - F_{n-1}\left(\chi_{n-1}^2[1-\alpha]\left(\frac{\sigma_0}{\sigma_1}\right)^2\right) \text{ mit dem Quantil } c^2 = \sigma_1^2 \frac{\chi_{n-1}^2[\beta]}{n-1} = \sigma_0^2 \frac{\chi_{n-1}^2[1-\alpha]}{n-1}.$$

© Der/die Herausgeber bzw. der/die Autor(en), exklusiv lizenziert durch
Springer Fachmedien Wiesbaden GmbH, ein Teil von Springer Nature 2020
S. Weinmann, *Statistische Hypothesentests*, essentials,
https://doi.org/10.1007/978-3-658-30591-8_5

Die χ^2-Verteilung $F_n(x)$ ist eine spezielle Form der Gammaverteilung mit $\alpha = n/2$, $\lambda = \frac{1}{2}$, dem Erwartungswert $\mu = \alpha/\lambda$ und der Varianz $\sigma = 2\alpha/\lambda$ (vgl. Schira 2012, S. 381 ff.); sie hat folglich den Erwartungswert $\mu = n$ und die Varianz $\sigma = 2n$.

Die χ^2-Verteilung $F_n(x)$ ist asymptotisch (mit ansteigendem n) standard-normalverteilt. Die Zufallsvariable $\sqrt{2\chi^2}$ ist asymptotisch normalverteilt mit dem Mittelwert $\sqrt{2n - 1}$ und der Varianz 1 (vgl. Kreyszig 1979, S. 160 f.):

$$F_n(x) \approx \Phi\left(\sqrt{2x} - \sqrt{2n - 1}\right) \approx \Phi\left(\frac{x - n}{\sqrt{2n}}\right).$$

Mit der Wahrscheinlichkeit p und m Freiheitsgraden ist das Quantil ungefähr:

$$x = \chi_m^2[p] \approx \frac{1}{2}\left(\sqrt{2m - 1} + z_\Phi[p]\right)^2.$$

Am Beispiel ($n = 5$, $\alpha = 1\%$) ist $\chi_4^2[0,99] = 13,28$ und der relative Fehler $\varepsilon = 6,9\%$:

$$\chi_4^2[0,99] \approx \frac{1}{2}\left(\sqrt{7} + z_\Phi[0,99]\right)^2$$

$$= \frac{1}{2}(2,646 + 2,326)^2 = 12,36 \quad \left(\varepsilon = \frac{13,28 - 12,36}{13,28}\right).$$

Der Fehler wird durch m und p bestimmt; ab $m \gtrsim 30$ ist eine Näherung relativ genau.

5.2   Musterbeispiel zum Chi-Quadrat-Varianztest

Eine Stichprobe mit $n = 10$ Messungen von Werkstücken ergab den Mittel-wert $m = 4,102$ mm und die Standardabweichung $s = 35\ \mu$m. Das Sollmaß der Fertigung ist $\sigma_0 = 25\ \mu$m. Muss die Produktion gestoppt werden?

Die Entscheidung soll durch einen Varianztest mit der Signifikanz $1 - \alpha = 90\%$ getroffen werden, gegenüber der Alternative $\sigma_1 = 40\ \mu$m. Der Anteil negativer Tests wurde auf $\gamma = 15\%$ geschätzt. Der Ausgang des Tests ist durch die Bayes-Evidenzmaße zu beurteilen.

Hypothese der Standardabweichung: $\sigma \le \sigma_0 = 25\ \mu$m bei $\alpha = 10\%$.

Testvariable: $Y = y_0 = (n - 1)\frac{s^2}{\sigma_0^2} = 9 \cdot \frac{35^2}{25^2} = 17,64$

Quantil der χ^2-Verteilung: $x_0 = \chi^2_{n-1}[1-\alpha] = \chi^2_9[0,90] = 14,68$

Da $y_0 > x_0$ ist, wird die Hypothese $\sigma \leq \sigma_0$ bei $\alpha = 10\,\%$ verworfen und die Produktion gestoppt.

Für die Macht des Varianztests gilt:

$$1 - \beta = P\left(S^2 \geq c^2\right)_{\sigma_1} = P(Y \geq x_1)_{\sigma_1} \quad \text{mit} \quad x_1 = \chi^2_{n-1}[1-\alpha]\cdot\left(\tfrac{\sigma_0}{\sigma_1}\right)^2 \text{ und}$$

$\beta = F_{n-1}(x_1)$.

Für $\alpha = 10\,\%$, $\sigma_0 = 25\,\mu$m, $\sigma_1 = 40\,\mu$m ist $x_1 = \chi^2_9[0,90]\cdot\left(\tfrac{25}{40}\right)^2 = 14,68\cdot$ $\left(\tfrac{5}{8}\right)^2 = 5,74$ und die Wahrscheinlichkeit des Fehlers 2. Art $\beta = F_9(5,74) \approx 23\,\%$.

Bei einem Anteil $\gamma = 15\,\%$ negativer Tests ist

die Relevanz des Tests $r = \dfrac{(1-\gamma)(1-\alpha)}{(1-\gamma)(1-\alpha)+\gamma\beta} = \dfrac{(1-0,15)(1-0,10)}{(1-0,15)(1-0,10)+0,15\cdot0,23} = 95,7\,\%$,

seine Segreganz $s = \dfrac{\gamma(1-\beta)}{\gamma(1-\beta)+(1-\gamma)\alpha} = \dfrac{0,15\cdot0,77}{0,15\cdot0,77+(1-0,15)0,10} = 57,6\,\%$ und seine mittlere

Evidenz $(1-\gamma)\,r + \gamma\,s = (1-0,15)\cdot0,96 + 0,15\cdot0,58 = 90\,\%$.

Die Beziehung zwischen den Maßen des Varianztests wird in den Abb. 5.1, 5.2 und 5.3 illustriert.

Für das Quantil c gilt die Beziehung: $c^2 = \sigma_1^2\,\frac{\chi^2_{n-1}[\beta]}{n-1} = \sigma_0^2\,\frac{\chi^2_{n-1}[1-\alpha]}{n-1}$ (s. Anhang 1, oben).

Für das Beispiel ergibt sich: $c = \sqrt{40^2\,\frac{5,74}{9}} = \sqrt{25^2\,\frac{14,68}{9}} = 31,9$ (vgl. Abb. 5.1 und 5.2).

Abbildungen zum Musterbeispiel ($n = 10$, $\sigma_0 = 25\,\mu$m, $\sigma_1 = 40\,\mu$m, $c = 32\,\mu$m).

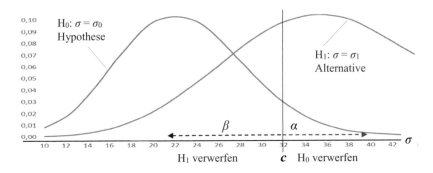

Abb. 5.1 Hypothese ($\sigma = \sigma_0$) und Alternative ($\sigma = \sigma_1$) der Standardabweichung σ

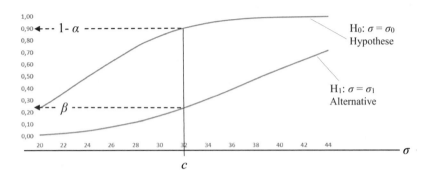

Abb. 5.2 Verteilungen $F(\chi^2)$ der Hypothese ($\sigma = \sigma_0$) und der Alternative ($\sigma = \sigma_1$)

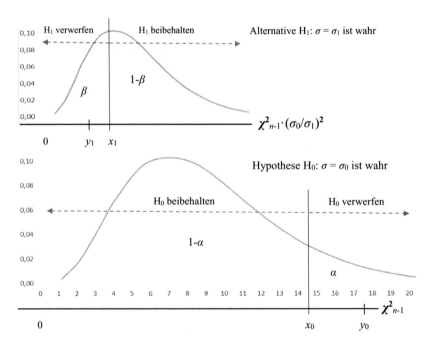

Abb. 5.3 Signifikanz und Macht des χ^2-Varianztests mit $n-1=9$ Freiheitsgraden

5.3 Aufgaben

Aufgaben und Fragen zum Beispiel des Chi-Quadrat-Varianztests

1. Warum ist die mittlere Unsicherheit der Likelihoods eines Tests $(\alpha + \beta)/2$ (und nicht $\alpha + \beta$)?
2. Wie groß darf die Standardabweichung s der Stichprobe sein, damit der Test $\sigma \leq \sigma_0 = 25$ μm mit der Signifikanz $1 - \alpha = 85\,\%$ positiv ausgeht, bei $n = 5$ Messungen oder $n = 10$ Messungen?
3. Falls die Maschine entweder im Zustand $\sigma_0 = 25$ μm oder im Zustand $\sigma_1 = 40$ μm produziert, stellt sich die Frage: Welche Schwelle c des Fehlers 2. Art hat ein Test mit dem Fehler 1. Art $\alpha = 10\,\%$ und $n = 5$ Messungen?
4. Welche Macht $1 - \beta$ hat der Test $\sigma = \sigma_0 = 25$ μm mit der Signifikanz $1 - \alpha = 90\,\%$ bei einer Stichprobe von $n = 5$ Messungen unter Vorgabe der Alternative $\sigma = \sigma_1 = 40$ μm?
5. Welche Standardabweichung hat die Alternative $\sigma = \sigma_1$ für den Test $\sigma = \sigma_0 = 25$ μm mit der Signifikanz $1 - \alpha = 90\,\%$ bei $n = 5$ Messungen unter Vorgabe der Macht $1 - \beta = 75\,\%$?
6. Schätzen Sie das Quantil der χ^2-Verteilung für einen Test mit $n = 10$ Messungen und der Signifikanz $1 - \alpha = 85\,\%$ durch die Näherungsformel und bestimmen Sie den relativen Fehler ε gegenüber dem genauen Wert.
7. Schätzen Sie das Quantil der χ^2-Verteilung für einen Test mit $n = 31$ Messungen und den Signifikanzen $1 - \alpha = 90\,\%$ und $99\,\%$ durch die Näherungsformel und bestimmen Sie die relativen Fehler ε gegenüber den genauen Werten.

5.4 Antworten und Lösungen

1. Es gibt entweder den Fehler 1. Art (die Hypothese ist wahr und wird verworfen) oder den Fehler 2. Art (die Hypothese ist falsch und wird beibehalten), nicht beides zugleich.
2. Damit $\sigma \leq \sigma_0$ bei $1-\alpha$ und n Werten gilt, darf s maximal $c = \sigma_0 \sqrt{\frac{\chi^2_{n-1}[1-\alpha]}{n-1}}$ μm betragen.
   Mit $\alpha = 15\,\%$ und $n = 5$ ist: $c = 25\sqrt{\frac{6{,}74}{4}} = 32{,}5$ μm; bei $n = 10$ ist: $c = 25\sqrt{\frac{13{,}29}{9}} = 30{,}4$ μm.

3. Für die alternativen Zustände $\sigma_0 = 25\,\mu\mathrm{m}$ und $\sigma_1 = 40\,\mu\mathrm{m}$ hat ein Test mit $\alpha = 10\,\%$ bei einer Stichprobe mit $n = 5$ Messungen die Schwelle $c = 34,9\,\mu\mathrm{m}$:

Für $x_0 = \chi_4^2[0,90] = 7,78$ ist $c = \sigma_0\sqrt{\frac{x_0}{n-1}} = 25\sqrt{\frac{7,78}{4}} = 34,9\,\mu\mathrm{m}$.

4. Der Test hat die Macht: $1 - \beta = 1 - F_4\left(\chi_4^2[0,90]\left(\frac{25}{40}\right)^2\right) = 1 - F_4(3,04) = 55\,\%$.

5. Die Standardabweichung der Alternative ist $\sigma_1 \approx 50\,\mu\mathrm{m}$:

Aus $c^2 = \sigma_0^2\,\frac{\chi_{n-1}^2[1-\alpha]}{n-1} = \sigma_1^2\,\frac{\chi_{n-1}^2[\beta]}{n-1}$ folgt $\sigma_1^2 = \sigma_0^2\,\frac{\chi_{n-1}^2[0,90]}{\chi_{n-1}^2[0,25]} = 25^2\,\frac{7,78}{1,92} = 2533$.

6. Bei $n = 10$ und $\alpha = 15\,\%$ ist $\chi_9^2[0,85] = 13,29$ und die Näherung $\varepsilon = -0,2\,\%$ ungenau:

$$x = \chi_9^2[0,85] \approx \tfrac{1}{2}\left(\sqrt{17} + z_\Phi[0,85]\right)^2 = \tfrac{1}{2}(4,123 + 1,036)^2 = 13,31.$$

7. Bei $n = 31$ und $\alpha = 10\,\%$ ist $\chi_{30}^2[0,90] = 40,26$ und die Näherung $\varepsilon = 0,2\,\%$ ungenau:

$$x = \chi_{30}^2[0,90] \approx \tfrac{1}{2}\left(\sqrt{59} + z_\Phi[0,90]\right)^2 = \tfrac{1}{2}(7,681 + 1,282)^2 = 40,17.$$

Bei $n = 31$ und $\alpha = 1\,\%$ ist $\chi_{30}^2[0,99] = 50,89$ und die Näherung $\varepsilon = 1,6\,\%$ ungenau:

$$x = \chi_{30}^2[0,99] \approx \tfrac{1}{2}\left(\sqrt{59} + z_\Phi[0,99]\right)^2 = \tfrac{1}{2}(7,681 + 2,326)^2 = 50,07.$$

Was Sie aus diesem *essential* mitnehmen können

- Ein sicheres Grundverständnis der Beurteilenden Statistik
- Hypothesentests kritisch anwenden und richtig beurteilen
- Das Bayes-Prinzip und die Posteriori-Wahrscheinlichkeit
- Mittelwert-, Varianz- und Anpassungstests im Zusammenhang
- Einblicke in den objektorientierten Entwurf eines Bausteins der Künstlichen Intelligenz

© Der/die Herausgeber bzw. der/die Autor(en), exklusiv lizenziert durch Springer Fachmedien Wiesbaden GmbH, ein Teil von Springer Nature 2020
S. Weinmann, *Statistische Hypothesentests,* essentials, https://doi.org/10.1007/978-3-658-30591-8

Literatur

Bamberg, G.; Baur, F. (2001) Statistik. Oldenbourg, München, Wien.

Ehrenberg, A. S. C. (1986) Statistik oder der Umgang mit Daten. VCH Verlagsgesellschaft mbH, Weinheim.

Huber, A. R. (2009) Aktuelles zur Labormedizin. In Schweizerische Arzt und Spitalrevue 1-2/09, med-ICT Verlags AG, Schweiz, Basel.

Kreyszig, E. (1979) Statistische Methoden und ihre Anwendungen. Vandenhoeck & Ruprecht, Göttingen.

Rinne, H. (2003) Taschenbuch der Statistik. Harri Deutsch, Frankfurt am Main.

Russel, S.; Norvig, P. (2012) Künstliche Intelligenz. Ein moderner Ansatz. Pearson, München.

Schira, J. (2012) Statistische Methoden der VWL und BWL. Theorie und Praxis. Pearson, München.

Sijtsma, K. (2009) On the use, the misuse, and the very limited usefulness of Cronbach's Alpha. Psychometrica Vol. 74, No. 1, 107–120.

Stange, K. (1977) Bayes-Verfahren. Schätz- und Testverfahren bei Berücksichtigung von Vorinformationen. Springer, Berlin, Heidelberg.

Voß, W. Hrsg. (2000) Taschenbuch der Statistik. Fachbuchverlag Leipzig, Carl Hanser, München, Wien.

Weinmann, S. (2002) Programmieren. Kompakte Einführung in die objektorientierten Sprachkonzepte von C++, Fundamente von Java und Elemente der UML. Oldenbourg, München, Wien.

Weinmann, S. (2018) Normatives Entscheiden. Aufgaben und Merkmale der Entscheidungs- und Erwartungsnutzentheorie. Springer Gabler, Wiesbaden.

© Der/die Herausgeber bzw. der/die Autor(en), exklusiv lizenziert durch Springer Fachmedien Wiesbaden GmbH, ein Teil von Springer Nature 2020
S. Weinmann, *Statistische Hypothesentests*, essentials,
https://doi.org/10.1007/978-3-658-30591-8

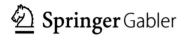
Springer Gabler

springer-gabler.de

}essentials{

Siegfried Weinmann

Normatives Entscheiden

Aufgaben und Merkmale
der Entscheidungs- und
Erwartungsnutzentheorie

Springer Gabler

Jetzt im Springer-Shop bestellen:
springer.com/978-3-658-23190-3

Printed in the United States
By Bookmasters